성소수자 생애주기 예식서 제작 프로젝트 II

성소수자 연인 축복 예식서
:사랑에는 두려움이 없습니다

KB205251

큐앤에이
성소수자 생애주기 예식서 제작 프로젝트 II

성소수자 연인 축복 예식서
:사랑에는 두려움이 없습니다

〈사랑에는 두려움이 없습니다 기획팀〉
지음

도서출판 Q&A

펴내는 말

　근 몇 년 사이 해외에서 동성혼 법제화에 관한 반가운 소식들이 들려왔습니다. 2022년에 칠레, 스위스, 쿠바, 슬로베니아, 멕시코에서, 2024년에는 에스토니아와 그리스에서 각각 법안이 통과되었습니다. 아시아에서는 2019년 대만이 동성결혼 가능국가가 된 이후 아직까지 법이 제정된 나라는 없지만 네팔과 태국 등에서 곧 기쁜 소식이 들려올 것이라 기대되고 있습니다. 이렇듯 세계는 점점 동성혼 법제화, 시민결합법 등으로 다양한 형태의 사랑과 가족 구성에 대해 열린 자세를 취하고 있지만 아직 한국 사회에서는 요원한 일이지요. 그러나 상황이 녹록치 않다고 하더라도 그냥 두고만 볼 수는 없는 법. 활동가들은 혼인평등을 위한 운동을 시작했고, 이런 열망들은 국회에도 전해져 가족구성권 3법, 생활동반자 관계법 등이 발의되기도 했습니다.

　각 나라의 동성혼 법제화 역사를 살펴보면서 참 아픈 지점이 있었습니다. 바로 '기독교 세력의 반대'로 인하여 제정이 지연되었다는 내용이 여러 나라의 역사에 공통적으로 나오더군요. 사랑 그 자체이신 하느님을 믿으며, 이 땅에서 소외되고 차별받는 존재들과 함께하셨던 예수님을 따른다는 교회가 오히려 평등으로 가는 길을 막는 집단이 되어가는 건 비단 한국의 모습만은 아닌 듯합니다.

　이런 사회와 교회의 현실을 무겁게 인식하며 큐앤에이는 2023

년 〈장례 예식서〉에 이어 성소수자 생애 예식서 프로젝트 두 번째로 〈커플 예식서〉를 펴냅니다. 예식서를 작성하기에 앞서 간단한 설문조사를 진행하였습니다. 만약 결혼을 꿈꾼다면 어떤 결혼식을 꿈꾸냐는 질문에 '평범한 결혼식'과 '종교 기관에서의 결혼식'이 답변의 절반을 넘었습니다. 큐앤에이가 개신교 성소수자 인권단체임을 감안하더라도 의외의 결과였습니다. 남들과 다를 바 없이 평범한 일상을 누리기를 원하는 마음들, 비록 현재 모습이 성소수자에 대해 차별적일지라도 여전히 사랑하는 교회에서 축복을 받으며 혼인을 하고 싶은 마음들.. 그런 마음들을 모아 예식서의 순서를 구성하고 예식문의 단어 하나하나를 세심히 찾아다녔습니다.

그럼에도 이 커플 예식서는 여러 부분에서 부족함이 많습니다. 준비하면서 우리는 어김없이 질문들을 마주해야 했습니다. '결혼제도라는 것이 가부장제의 산물이라면 이것을 굳이 답습할 필요가 있는가?'라는 질문부터 '예식문에서 관계의 기본값을 두 사람으로 정하는 것이 옳은가?'에 대한 질문까지 기획팀 내부에서 다양한 질문을 던지고 토론을 통해 그에 대한 답을 구하는 과정을 거치기도 했습니다. 저희는 나름의 결론을 내리고 예식문 작성을 진행했지만 독자 분들 안에는 아마 저희와 다른 다양한 의견들이 있을 것이라 생각합니다. 고민을 다 담아내지 못한 부분은 이 예식서의 한계로 인정하고, 추후 논의를 발전시켜나갈 분들의 몫으로 남겨놓습니다.

커플 예식서 〈사랑에는 두려움이 없습니다〉가 개신교 혼인예식의 완벽한 결과물은 아니겠지만 첫 시도로서 의미를 새기며 길을 열어봅니다. 계속해서 보완되고 연구가 이어져 다양한 전통의 특색있는 예식들이 등장하기를 기대합니다. 또한 이 책이 성소수자와 더불어 신앙생활을 하고 있는 목회자와 교회 지도자들에게 필요시 사용할 수 있는 안내서가 되기를 바랍니다. 무엇보다 큐앤에이가 성소수자 연인들에게 선물하고픈 기도문이자, 응원의 메시지라고 생각해 주신다면 더할 것 없이 감사한 일일 것입니다.

2024년 4월 22일
〈사랑에는 두려움이 없습니다 기획팀〉 일동

감사의 말씀

이 예식서를 제작하는 데 많은 분들의 노력과 기여가 있었습니다. 기쁜 마음으로 자원해주시고 열의를 가지고 기획과 집필에 함께 해주신 모든 분들에게 감사드립니다. 김유미, 김정원, 지애, 선영, 이동환, 이한별, Isaac 등 7명이 함께 연구하며 의견을 나누고, 토론하며 예식서를 만드는 일에 함께하였습니다.

초안에 가까운 원고를 꼼꼼히 첨삭해주시고, 정성껏 의견을 주셔서 부족한 부분을 채울 수 있도록 감수해주신 프리다 님, 황푸하 목사님, 한채윤 선생님께 감사를 전합니다. 덕분에 한결 완성도 있는 예식문이 나올 수 있었습니다.

무엇보다 늘 큐앤에이를 든든히 지켜주시며 동지가 되어주시는 큐앤에이 회원들에게 감사의 마음을 전합니다. 앞으로도 성소수자 생애주기에 따른 예식문을 계속 제작될 수 있도록 많은 격려와 응원을 부탁드립니다.

예식서 안내 & 활용법

본 예식문은 퀴어 연인을 위한 예식서로 다양한 연인의 사랑을 위한 예식과 기도문이 담겨 있습니다. 기존 교회의 예식서처럼 목회자만 사용하는 것이 아닌 퀴어 그리스도인 모두가 각자의 신앙 속에서 서로를 향한 사랑을 고백하고 다짐할 수 있기를 바라는 마음으로 만든 예식서입니다.

예식서는 크게 1부와 2부로 나뉘어 있으며 1부는 혼인 축복 예식이, 2부는 다양한 상황에 사용할 수 있는 일상예식과 기도문이 담겨 있습니다. 1부의 혼인 축복 예식은 총 두 가지 버전으로 준비되어 있습니다. 하나는 교회의 전통을 존중하면서도 퀴어한 기독교 혼인예식을 바라시는 분들을 위한 예식, 다른 하나는 자유롭고 다양한 형태의 기독교 혼인예식을 바라는 분들을 위한 예식입니다. 결혼을 준비하는 당사자의 바람에 따라, 제공된 예식문을 자유롭게 편집해 사용하시면 됩니다. 이에 대한 자세한 안내와 활용 방법은 각 예식문에 포함되어 있으니 찬찬히 살펴보시면서 기쁨과 은혜 넘치는 혼인예식을 준비하시길 바랍니다.

2부에는 일상예식과 기도가 담겨있습니다. 퀴어 연인 당사자들이 상황과 필요에 따라 직접 드리는 예식과 기도를 전제로 만들어졌습니다. 짧고 간단하면서도 밀도 있는 예식과 기도문이니 부담

없이 사용해보시길 바랍니다. 물론 목회자가 목회 현장에서 알맞게 적용하는 것 또한 충분히 가능합니다. 연인들 사이에 기도가 필요한 순간은 언제일까를 고민하며 최대한 다양한 상황을 위한 기도를 작성했으니, 여러분들에게 기도가 필요한 순간이 찾아왔을 때, 이 예식서를 떠올려주시면 좋겠습니다.

　부록에는 기획팀 인터뷰를 통해 어떤 마음으로 예식서 작업을 했고, 기도문을 작성했는지 솔직한 심경을 담아보았습니다. 또한 퀴어 크리스천들의 유쾌한 연애와 결혼, 사랑 이야기를 기탄없이 나눈 수다회 내용을 게제함으로 우리 안의 고민과 나아가야 할 방향에 대해 생각해볼 수 있도록 구성했으니 많은 도움이 되기를 바랍니다.

차례;
Contents;

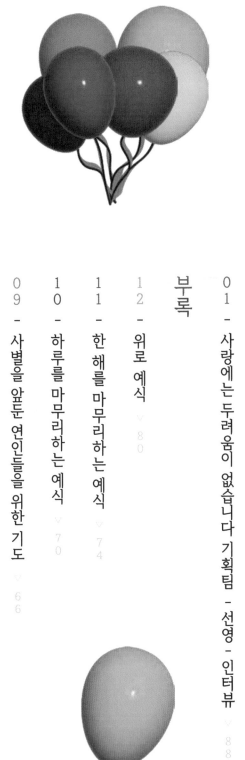
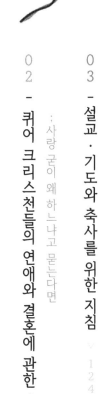

1부

혼인 축복 예식

혼인
축복
예식

; 교회 전통에 따른 예식

교회 전통에 따른 예식에서는 일반적으로
사회자와 집례자가 구분됩니다.
사회자는 혼인 당사자들의 지인이,
집례자는 목회자가 담당합니다.
상황에 따라 목회자가 사회와 집례를 모두
담당하여 진행하는 경우도 있습니다.

1. 예식선언

사회자 지금부터 하느님 사랑 안에서 인생의 동반자가 되기로 약속한 □□님과 ○○님의 혼인 예식을 시작하겠습니다. 오늘 예식은 교회의 전통 예식으로 진행됩니다. 기독교 예식이 낯선 분들도 □□님과 ○○님의 신앙을 존중하는 마음으로 함께 해주시기를 부탁드립니다. 이제 사랑과 우정을 가득 담아 이들의 하나됨을 축복합시다.

사회자 "서로 사랑합시다. 사랑은 하느님께로부터 오는 것입니다. 하느님께서 이렇게까지 우리를 사랑하셨으니, 우리도 서로 사랑해야 합니다."(요한일서 4장 7절~12절)

2. 입장

▸ 하객들이 모두 자리에서 일어나 찬송(혹은 혼인 당사자들에게 의미있는 노래)을 함께 부르는 동안 혼인 당사자들이 입장합니다.
▸ 혼인 당사자가 좋아하는 노래에 맞춰 박수를 받으며 입장하는 등 자유롭게 구성할 수 있습니다.

사회자 **가능하신 분은 자리에서 일어나 다같이 노래하겠습니다.**

혼인당사자는 입장 후 강대상을 바라봅니다.

3. 무지개 화촉점화

▶ 화촉점화는 새롭게 결합하는 이들의 밝은 앞날을 기원하는 축복의 의미를 담고 있습니다. 새롭게 꾸리는 공동체의 하루하루를 함께 밝혀가겠다는 다짐과 약속으로 혼인 당사자들이 함께 불을 밝힙니다.

▶ 혼인 당사자들이 예식에서 함께 새기고 싶은 의미를 담은 색의 초를 준비합니다. 성소수자 자긍심의 색상들은 다양한 의미를 가지고 있습니다. 6색 무지개에서 빨강은 생명, 주황은 치유, 노랑은 따스함과 빛, 초록은 자연, 파랑은 평화와 조화 그리고 보라는 정신과 연대를 뜻합니다.

사회자 **화촉점화를 하겠습니다. 이 초는 자긍심의 무지개에서 왔습니다. 붉은색 초는 생명을, 남색 초는 평화를**(선택한 초의 색에 따라 의미 설명 수정)**의미합니다. 서로의 생명의 기운이 되고, 언제나 평화로운 가정을 이루겠다는 다짐과 약속을 담아 초를 밝힙니다.**

4. 인사

▶ 혼인 당사자들이 마주 인사를 나눈 후, 하객들에게 감사의 인사를 전합니다. 기쁜 자리에 함께하게 된 하객들이 서로 환대의 인사를 나눕니다.

사회자 **오늘 가장 기쁜 두 사람입니다. ○○님과 □□님 서로 인사하겠습니다.**

혼인 당사자들 서로 인사

사회자 이 기쁨에 참예하는 하객들에게 ○○님과 □□님이 인사를 드리겠습니다.

혼인 당사자들이 하객들에게 인사

사회자 기쁨의 잔치에서 만난 서로의 얼굴을 보며 인사합시다.

주변의 하객들과 서로 인사

혼인당사자는 인사 후 강대상을 바라봅니다.

5. 찬송
▸ 혼인 당사자들이 좋아하는 찬양, 찬송가를 사용합니다.
▸ 당사자들에게 의미가 있는 곡이라면 찬송이 아닌 다른 장르의 노래를 사용해도 좋습니다.
▸ 청중들이 함께 부를 수 있는 곡 선택을 고려합니다.

〈예시 1〉 찬송가 604장 완전한 사랑 (가사 바꾼 버전)
1. 완전한 사랑 하나님의 사랑 다함이 없는 사랑에 겨워
   한 가정되어 보람 있게 살라 손 모아 주님 앞에 빕니다
2. 온전한 생활 하게 하옵소서 믿음과 소망 사랑 가지고
   아픔과 죽음 겁을 내지 않고 주님만 의지하게 하소서
3. 슬픔을 이길 기쁨 주옵시고 다툼을 없앨 평화 내리사
   사랑의 아침 환히 동터오는 행복한 나날 되게 하소서 아멘

〈예시2〉 찬송가 605장 오늘 모여 찬송함은 (가사 바꾼 버전)

1. 오늘 모여 찬송함은 우리들의 즐거움
   거룩하신 주 뜻대로 혼인예식 행하세
   사랑하는 사람들이 하나 되기 원하며
   하느님의 품 안에서 한 뜻 되게 하소서
2. 세상에서 사는 동안 한 길 가게 하시고
   맘과 뜻이 하나되어 주 따르게 하소서
   서로 믿고 존경하며 서로 돕고 사랑해
   고와 낙을 함께 하며 승리하게 하소서
3. 성령이여 우리들이 기도하고 바랄 것
   저들 부부 세상에서 해로하게 하소서
   사랑으로 감화하사 항상 주를 섬기며
   이 세상에 머물 때에 천국 되게 합소서

6. 기도

▶ 혼인을 축복하는 기도 순서입니다. 가까운 교인, 친구, 지인이나 가족 중에 한 사람 등 누구나 맡을 수 있습니다. 혼인 당사자들과 친밀할수록 좋습니다.

▶ 어떤 이의 기도가 부담스럽다면 아래의 성구들을 교독하는 순서로 대신할 수 있습니다.

✕ 설교(기도, 축사) 지침(124p)을 참고 바랍니다.

〈성구교독 예시〉

사회자 내가 사람의 모든 말과 천사의 말을 할 수 있을지라도,

회중 내게 사랑이 없으면, 울리는 징이나 요란한 꽹과리가 될 뿐입니다.

사회자 내가 내 모든 소유를 나누어줄지라도,

회중 내가 자랑삼아 내 몸을 넘겨줄지라도,

사회자 사랑이 없으면, 내게는 아무런 이로움이 없습니다.

회중 사랑은 오래 참고, 친절합니다.

사회자 사랑은 시기하지 않으며, 뽐내지 않으며, 교만하지 않습니다.

회중 사랑은 무례하지 않으며, 자기의 이익을 구하지 않으며,

사회자 성을 내지 않으며, 원한을 품지 않습니다.

회중 사랑은 불의를 기뻐하지 않으며, 진리와 함께 기뻐합니다.

사회자 사랑은 모든 것을 덮어 주며, 모든 것을 믿으며,

회중 모든 것을 바라며, 모든 것을 견딥니다.

사회자 그러므로 믿음, 소망, 사랑, 이 세 가지는 항상 있을 것인데,

회중 그 가운데서 으뜸은 사랑입니다.

7. 말씀봉독

▸ 사회자가 설교 본문을 봉독합니다.

✕ 설교 본문은 주례자와 상의하여 결정합니다. 교회에서 혼인 예식을 할 때 많이 사용하는 본문 중에는 성차별적인 내용이 들어간 구절들도 있으니 혼인당사자와 주례자가 미리 확인하는 절차를 거치기를 제안합니다.

8. 설교

▶ 사회자의 소개를 받은 주례자가 축복의 설교를 합니다.

▶ 혼인 당사자들은 주례를 맡을 목회자에게 아래 안내문을 설명하여 평등한 축사가 전해지도록 돕습니다.

✕ 설교(기도, 축사) 지침(124p)을 참고 바랍니다.

9. 혼인서약

▶ 혼인 당사자들이 여러 증인들 앞에서 서로의 미래에 대한 다짐과 서로를 향한 약속을 서약하는 순간입니다. 진심어린 마음을 담아 한 사람씩 서약문을 작성해서 읽습니다.

▶ 혼인서약 예시문은 아래 예시문의 두 문장을 각각 읽어도 좋고, 한 문장을 반복해서 읽어도 좋습니다. 또한 원하는 내용으로 수정해서 사용할 수 있습니다.

▶ 서약문이 어렵다면 시 또는 편지 형식을 사용하는 것도 고려할 수 있습니다.

혼인당사자는 서로를 마주봅니다.

〈혼인서약 예시〉

나 ○○은 □□을 삶의 동반자로 맞이하며, 그대(이름)를 나의 소유로 여기지 않고, 있는 그대로 존중하며, 삶의 모든 길을 사랑으로 동행할 것을 여기 계신 모든 분들과 하느님 앞에 서약합니다.

나 □□은 ○○을 삶의 동반자로 맞이하며, 나를 위해 그대(이름)

를 소모하지 않고, 서로 북돋기를 애쓰며, 삶의 모든 길을 사랑으로 동행할 것을 여기 계신 모든 분들과 하느님 앞에 서약합니다.

10. 예물교환

▸ 서약을 마친 후에는 혼인 당사자들 간에 예물을 교환합니다. 반드시 반지가 아니어도 괜찮습니다.

▸ 만약 반지가 아닐 경우 주례자에게 미리 예물에 담긴 의미를 설명하여 하객들에게 전달할 수 있도록 합니다.

11. 성혼선포

▸ 예물을 주고받은 혼인 당사자들이 하느님과 여러 증인들 앞에서 공식적인 부부가 되었음을 선포하는 순간입니다.

▸ 주례자가 진행합니다.

▸ 성혼선포(2)를 선택한 경우, 하객들과 함께 하는 순서임을 순서지에 기입하여 안내합니다.

혼인당사자는 주례자를 바라봅니다.

〈성혼선포 예시1〉

주례자 **우리가 하느님의 자비하심에 의지하여 ○○님과 □□님의 만남, 사랑과 언약을 축복하오니, 오직 주께서 이들의 마음과 오늘을 지키시고, 선택하지 않은 고난과 어려움이 몰려올 때도 서로를 향한 진실함만을 더해가게 하소서. 서로의 존재를 인정하고 존중하며, 마음 엮어 나갈 긴 시간 동안, 이 사랑을 허락하신 하느님 뜻을 기억하며, 감사하는 삶을 살게 하소서. 또한 이 사랑이 빚어내는 빛**

으로 더 많은 이들과 행복을 나누며 살게 하소서. 하느님께서 끊어지지 않는 크고 영원한 사랑으로 이들과 함께하실 것을 믿습니다.

주례자 이제 창조주 하느님과 사랑의 예수와 소피아 성령의 이름으로, 여기 수많은 증인들 앞에서, ○○님과 □□님이 부부가 되었음을 선포합니다.

주례자 이제 ○○님과 □□님은 부부입니다. 평생의 동반자로 서로를 믿고 아끼고 존중하며 살아가기를 약속한 이 부부의 삶이 행복으로 꽃피고 열매 맺을 수 있도록 힘찬 박수와 환호로 축복해 주시기 바랍니다.

〈성혼선포 예시2〉

주례자 하느님께서는 인간을 창조하시고 "그가 혼자 있는 것이 좋지 않으니, 그를 돕는 사람, 곧 그의 짝을 주겠다."고 말씀하셨습니다.
회중 여기 하느님의 사랑 안에서 인생의 짝이 되기로 약속한 아름다운 이들에게 하늘의 복을 내려 주소서.
주례자 이들이 걸어갈 길에 설령 어려움이 있어도, 혹은 지쳐 포기할 것 같은 순간에도 오늘의 약속을 기억하게 하소서. 지혜와 인내, 온유와 평화의 성령이 동행하시어 서로의 안식처가 되게 하소서.
회중 고난의 순간들이 굳은 땅이 되어 더 깊은 사랑으로 아름답게 꽃피게 하소서.
주례자 이 새로운 가족의 삶에 웃음과 행복이 넘치게 하시고, 건강과 물질의 풍요를 주소서. 이 가정을 통하여 하느님의 영광이 환하게 드러나게 하소서.

회중 이들의 새 출발이, 우리 모두에게도 큰 기쁨과 보람이 되게 하소서.

다함께 이 땅에서의 삶이 다할 때까지 그리고 그 이후에도, ○○님과 □□님의 사랑이 영원하기를, 사랑의 주 예수 그리스도의 이름으로 축복합니다.

주례자 이제 창조주 하느님과 사랑의 예수와 소피아 성령의 이름으로, 여기 수많은 증인들 앞에서 ○○님과 □□님이 부부가 되었음을 선포합니다.

박수 후

주례자 이제 ○○님과 □□님은 부부입니다. 평생의 동반자로 서로를 믿고 아끼고 존중하며 살아갈 것을 약속한 이 부부의 삶이 행복으로 꽃피고 열매 맺을 수 있도록 힘찬 박수와 환호로 축복해주시길 바랍니다.

12. 축가

▸ 혼인 당사자에게 의미있는 사람(혹은 모임이나 공동체)에 축하 노래를 부탁합니다.

▸ 반주자 혹은 반주 녹음(MR) 관련 사안을 미리 예식장 담당자와 상의합니다.

▸ 축가 대신 하객들과 함께 부를 곡을 선정해도 좋습니다.

혼인당사자는 축가하는 사람을 바라봅니다.
만약 축가자가 없이 하객들 모두가 축하노래를 부를 경우에는
하객을 바라봅니다.

13. 감사 인사

▸ 혼인 당사자들이 혼인 예식에 참여한 이들에게 인사를 합니다. 이어서 식사 안내 및 이후 순서 등에 관한 안내를 드립니다.

14. 축도

▸ 축도 순서는 주례자에게 맡깁니다.
▸ 모두가 참여하는 공동축도로 진행할 수 있습니다.

✕ 설교(기도, 축사) 지침(124p)을 참고 바랍니다.

혼인당사자는 주례자를 바라봅니다.
만약 공동축도로 진행할 경우에는 하객쪽을 바라봅니다.

〈공동축도 예시 1〉

주례자 사랑이신 하느님, 여기 아름다운 이들이 주님의 안에서 서로 한 몸 되었으니

회중 기도로 맺은 언약 변치 않게 하시고, 늘 새롭게 하소서.

주례자 만복의 근원 주 하느님, 이들을 품으시어 사랑으로 꽃 피우고 열매 맺게 하소서

회중 함께 가는 인생길이 평화롭게 하시고, 행복한 웃음이 항상 울려 퍼지게 하소서.

다함께 하느님의 크신 사랑과 예수님의 깊은 은총, 성령님의 도우심이 ○○님과 □□님의 앞날에, 여기 모인 가족들과 기뻐하는 모든 벗들 위에, 이제부터 영원토록 길이길이 넘치게 하소서. 아멘.

〈공동축도 예시 2〉

다함께 **우리의 사랑이신 하느님, ○○와 □□의 얼굴에 스민 하느님의 모습을 바라보며 서로를 어여삐 여기게 하시며, 날마다 그 사랑이 넓어지게 하소서. 우리의 평화인 예수님, 각자 다른 삶을 살아온 ○○와 □□가 기꺼이 서로를 배려하며 존중하게 하시며, 날마다 헤아림이 깊어지게 하소서. 우리의 숨이 되시는 성령님, ○○와 □□가 서로를 향한 쉴 곳이 되게 하시며, 가장 큰 위로와 기쁨이 되게 하소서. 아멘.**

15. 파송(행진)

▶ 행진은 하느님 안에서 부부가 된 이들을 세상으로 파송하는 순간입니다. 의미 있고 힘찬 곡을 선곡해 사회자(주례자)의 선포와 함께 힘차게 행진합니다.

사회자 혹은 주례자 **이제 부부가 된 아름다운 ○○님과 □□님이 앞으로 펼쳐나갈 새로운 삶을 기대합니다. 하느님의 은총과 도우심이 늘 함께하실 것입니다. 여기 모인 우리도 이 부부의 앞날을 응원하며 힘껏 돕겠습니다. 여러분은 오직 사랑으로서 살아가십시오.**

▶ 축하를 받으면서 웨딩로드를 행진하거나 곡이 끝날 때까지 식장 안에서 사람들의 축복을 받으며 예식을 마무리할 수 있습니다.

혼인 축복 예식

; 목회자 없이 진행하는 예식

목회자 없이 이뤄지는 혼인 예식은
사회자의 역할이 중요합니다.
원활한 예식이 되도록
혼인 당사자들은 예식서를 미리 준비하여
사회자와 함께 큐시트를 만드는 것을 제안합니다.

1. 사회자 입장

▶ 뒤이어 등장할 혼인 당사자들의 앞날을 축복하는 의미를 담아 이벤트를 준비할 수 있습니다. 웨딩 로드에 무지개 꽃잎을 뿌리며 입장하는 등 자긍심을 표현하고 혼인예식을 예비하는 의미를 담아 다양하고 자유롭게 준비할 수 있습니다

2. 예식사

▶ 환영과 축복의 말, 예식 순서 고지, 사랑의 성구를 낭송하는 시간입니다. 식장에는 교회 예식이나 예배에 익숙하지 않은 사람들도 있을 수 있습니다. 종교에 상관 없이 모든 하객이 마음 편히 예식에 참여할 수 있도록 안내합니다.

▶ 여유가 된다면 본식에서 함께 부를 찬양을 식전에 먼저 불러보거나, 회중과 함께하는 기도에 참여하는 방법을 안내합니다.

사회자 ○○님과 □□님의 혼인을 축하하고자 자리해 주신 여러분을 모두 환영합니다. 오늘 예식은 혼인 당사자들의 뜻에 따라 기독교 예식으로 진행합니다. 예식에는 기도와 찬양, 하객과 함께하는 공동기도가 포함되어 있습니다. 하지만 이 자리에는 다른 종교를 가지거나 종교가 없는 분들도 함께하고 있습니다. 축복하는 마음으로 모든 순서에 함께 해주셔도 좋고, 원하는 순서에만 축복하는 마음을 담아 함께 해주셔도 좋습니다. 마음 편히 함께 해 주시길 바랍니다.

수많은 편견보다 더 넓고 깊은 ○○님과 □□님의 어제와 오늘, 그리고 앞으로 보낼 나날들이, 우리 모두를 춤추게 할 것입니다. 모든 일이 마음처럼 되지는 않겠지만 ○○님과 □□님 그리고 우리들의 용기 있는 춤을, 그 용기의 모양을 저는 사랑합니다. 또한 여러분도 그 모양을 사랑하시리라 생각합니다. 사랑의 마음을 담아 이제 ○○님과 □□님의 결혼식을 시작하겠습니다.

잠시 침묵하시겠습니다.

3. 입장

▶ 한 사람이 먼저 입장을 한 후, 다른 사람을 맞이해도 좋고, 함께 손을 잡고 통로를 걸어가도 좋습니다.
▶ 입장 시 좋아하는 음악을 사용할 수 있습니다. 춤을 추며 들어오든, 오토바이를 타고 들어오든, 아무 상관 없습니다. 혼인 당사자들이 원하는 방식으로 입장하시면 됩니다.

이제 오늘의 주인공 ○○님과 □□님이 입장하겠습니다. 세상에서 가장 행복하다고 느낄 수 있도록 여러분의 마음을 가득 담아 축하의 박수를 보내주시기 바랍니다. △△, △△ ̊ 입장!

◦ 결혼 주인공 호칭은 혼인 당사자들의 뜻에 따라 선택합니다.
(예) 신부신부, 신랑신부, 신랑신랑, 두 주인공 등 (혹은 이름을 사용해도 좋습니다.)

✕ 이 예식은 주례자가 없는 예식입니다. 혼인당사자는 강단을 없애거나 강단 뒤에 서서 하객을 바라보고 예식의 순서를 진행합니다.

4. 무지개 세레모니

〈예시1〉 불 밝힘

▸ 화촉점화는 새롭게 결합하는 이들의 밝은 앞날을 기원하는 축복의 의미를 담고 있습니다. 반려자와 새롭게 꾸리는 공동체의 하루하루를 밝혀가겠다는 다짐과 약속으로 혼인 당사자들이 함께 불을 밝힙니다.

▸ 혼인 당사자들에게 의미 있는 사람이나 소중한 사람에게 화촉점화를 부탁할 수도 있습니다.

▸ 사용되는 초는 어떤 색도 괜찮습니다. 성소수자 자긍심의 색상들은 다양한 의미를 가지고 있습니다. 6색 무지개에서 빨강은 생명, 주황은 치유, 노랑은 따스함과 빛, 초록은 자연, 파랑은 평화와 조화 그리고 보라는 정신과 연대를 뜻합니다. 혼인 당사자들이 예식에서 함께 새기고 싶은 의미를 담아 초를 준비합니다.

사회자 **화촉점화를 하겠습니다. 이 초는 자긍심의 무지개에서 왔습니다. 붉은색 초는 생명을, 남색 초는 평화를(선택한 초의 색에 따라 의미 설명 수정) 의미합니다. 서로의 생명의 기운이 되고, 언제나 평화로운 가정을 이루겠다는 다짐과 약속을 담아 초를 밝히겠습니다.**

〈예시 2〉 모래 섞기
▶ 모래 섞기는 서로 다른 각자가 고유한 색을 유지한 채로도 잘 어우러져 살길 기원하며 색이 다른 두 모래를 번갈아 담아 기념하는 방법입니다.

사회자 **모래 섞기를 하겠습니다. 이 모래는 자긍심의 무지개에서 왔습니다. 붉은색 모래는 생명을, 남색 모래는 평화를**(선택한 모래의 색에 따라 의미 설명 수정) **의미합니다. 서로의 생명의 기운이 되고, 언제나 평화로운 가정을 이루겠다는 다짐과 약속을 담아 모래를 담겠습니다.**

〈예시 3〉 물 맞댐
▶ 물 맞댐은 가정을 일구는 것이 공동의 애씀이라는 것을 상징하는 세레모니입니다.
▶ 사용되는 식물은 어떤 식물도 괜찮습니다. 혼인 당사자들이 예식에서 함께 새기고 싶은 의미를 담아 식물을 준비합니다.

사회자 **각자의 가정에서 살아왔던 두 사람이 이제는 한 그루의 새로운 나무를 키우듯 새로운 가정을 만들어 가게 되었습니다. 그 새로운 가정이 잘 성장할 수 있도록 ○○님과 □□님이 나무에 물을 주도록 하겠습니다. 오늘 두 사람이 함께 물을 주는 함박 재스민은 영원한 사랑이라는 의미를 담고 있습니다. ○○님과 □□님의 사랑이 영원하고 견고히 다져질 수 있도록 함께 물을 주도록 하겠습니다.**

5. 기쁨의 인사

▸ 혼인 당사자들이 서로에게 인사를 한 후 하객들에게 감사 인사를 전합니다.

6. 함께 부르는 노래

▸ 기쁜 마음으로 하객에게 감사의 마음을 전하고 환영의 의미를 담아낼 수 있는 노래를 선택합니다.

7. 축복의 시간(축사)

▸ 축복의 시간은 한 사람이 하거나 혹은 시간 안배를 하여 여러 사람이 할 수 있습니다.

▸ 특정인에게 미리 축사를 부탁하여 축복의 시간을 진행한다면, 사회자가 축사할 사람에 대한 간단한 소개를 한 후에 축사를 합니다.

▸ 축복의 시간은 축사가 아닌 다양한 방식으로 진행할 수 있습니다. 예를 들어, 혼인당사자가 오늘에 이르기까지 여정을 소개하는 토크쇼로 진행하거나 하객들에게 번호를 나눠주고 제비를 뽑아 즉석에서 하객들의 축복의 말을 듣는 시간으로 진행하는 방법 등 자유롭고 창의적으로 순서를 꾸밀 수 있습니다.

✕ 설교(기도, 축사)지침(124p)을 참고 바랍니다.

<축사 예시 1>

밥 그릇을 두 개 씻어 싱크대 선반에 탁! 올려놓는 일, "이 닦을까?" 하고는 치약 묻힌 칫솔을 들고 짠! 하는 일, 하루 끝, 천장을 함께 보며 오늘의 즐거웠던 순간을 나누는 일. ○○님과 □□님이 "함께 있어 기쁘다" 말한 순간들입니다. 이 순간들에 더해 기쁨을 쌓아가고 나누고자 오늘 이 자리를 갖습니다. ○○님과 □□님을 위해 기도합니다. 이들이 서로를 위해 식사를 준비하고, 마주보며 꼭꼭 밥을 씹어 넘기고, 이를 닦고, 잠이 들 수 있도록, 내일을 시작할 힘을 낼 수 있도록, 하느님, 당신의 보살핌이 ○○님과 □□님에게 있기를 간절히 원합니다. 두 사람이 당신을 찾는 어느 날, 하느님 그들이 당신을 찾는 소리가 들리는 곳에 계셔 주세요.

○○님과 □□님을 만나 세계가 넓어졌습니다. 해보지 않은 보드게임을 배우고, 혼자였더라면 절대 고르지 않았을 영화를 극장에서 봤습니다. □□님과 ○○님을 만나 세계가 넓어졌습니다. 처음으로 노량진역 고가 위에 설치된 농성장에서 해삼을 먹었고, 명동 재개발 2구역 농성장에서 열린 떼제 기도회에서 떼제에 대해서도 배웠습니다. 이들이 만나지 않았더라면 없었을 일입니다. 서로를 통해 또 새로이 자라는○○님과 □□님을 하느님께서 보시고 참 이쁘다 말하십니다. 두 사람의 성장이 멈추지 않고 계속되기를 기원합니다.

<축사 예시 2>

한 사람이 오는 것은 하나의 우주가 오는 것이라고 합니다.
여기 두 개의 우주가 만나 하나의 우주를 이루려고 합니다.

자신으로 가득했던 세계가 서로를 향해 열리고 하나의 새로운 세계를 이루려 합니다.

쉽지 않은 일일 것입니다.
미처 알지 못했던 낯선 상황들을 마주하게 되고,
오해와 충돌, 실망과 상처가 생길 수도 있을 것입니다.
세상의 편견과 부딪히는 순간이 올 수도 있을 것입니다.
그럼에도 하나 된 삶을 택한 이 두 사람의 사랑과 용기를 위해 기도합니다.

자랑스러운 여기 두 사람
다른 곳에서 태어났으나 이제부터 영원히 함께 하기를.
함께 먹고 자고 눈뜨는 모든 순간에 기쁨이 넘치기를.
서로에 대한 이해와 용서, 존중과 감사의 마음이 시들지 않기를.
늘 가까이 걷되 서로 잘 바라볼 수 있는 거리가 허락되기를.
그리고 그 사이로 산들바람이 멈추지 않기를.

사랑이 식어가는 세상에서
사랑이 살아있음을 증거하는 삶 살아가기를.

자랑스러운 두 사람
부디 오래오래 행복하십시오.
하느님의 이름으로 축복하며 기도드립니다.
(칼릴 지브란의 '예언자'에서 일부 채용하였습니다.)

X 축사를 전할 사람은 예식의 당사자들에게 두 사람이 함께한 순간들의 이야기, 함께 하고픈 삶에 대한 소망 등에 대해 소통하고 내용에 반영합니다.

8. 예물교환

▶ 일반적으로 반지를 서로의 손에 끼워주는 의식을 합니다. 꼭 반지가 아니어도 좋습니다.

▶ 만약 참석인원이 20명 내외의 소규모라면 예물교환 시간을 아래와 같이 〈하객참여형〉으로 만들어 볼 수도 있습니다. 예물을 하객들에게 돌리며, 혼인 당사자들을 위한 축복의 마음을 담는 시간을 갖습니다. 예물이 다시 혼인자들에게로 돌아오면, 예물은 가장 의미 있는 사람들의 사랑과 지지로 가득 차게 됩니다.

〈하객참여형 순서〉
1. 예물이 담긴 상자를 하객들에게 전달합니다.
2. 옆 사람에게 차례대로 예물을 전달합니다.
3. 예물을 전달받은 이는 혼인 당사자들에게 축하의 말을 전하거나, 짧은 침묵 기도를 할 수 있습니다.
4. 마지막으로 혼인 당사자들이 예물을 전달 받아 서로 예물을 교환합니다.

9. 부부의 고백(혼인 서약 및 성혼 선언)

▶ 부부가 함께 서약문을 작성합니다.
▶ 각자 편지글을 준비하여 낭독해도 좋습니다.

〈혼인 서약 예시〉

우리는 서로 있는 모습 그대로를 받아들이며, 서로에게 길이 되고, 빛이 될 것을 다짐합니다. 우리의 사랑을 응원하시는 하느님을 의지하며, 절망 가운데서도 희망을 보고 이해와 공감으로 서로를 일으키고 감사와 존중으로 매일을 살겠습니다. 하느님의 뜻 안에서 부부로 살아갈 것을 마음을 담아 서약합니다.

사회자 이제 이 시간부터 ○○님과 □□님이 하느님의 뜻 안에서 부부임을 선언합니다. 하느님의 뜻대로, 지으신 모습 그대로, 어여쁘게 사시기를 바랍니다.

10. 축복 기도(성혼 기도)

▸ 혼인을 축복해줄 수 있는 지인에게 기도를 부탁합니다.
▸ 기도문을 새로 써도 좋고 아래 예시를 활용해도 좋습니다.

〈기도 예시 1〉

기쁨과 소망이 가득한 오늘, 하느님의 사랑 안에서 부부(夫夫, 婦婦)로 함께 서는 이들을 축복합니다. 시냇가에 심은 나뭇잎이 마르지 않는 것처럼 서로에게 흐르는 시내가 되고, 마르지 않는 생명이 되어갈 것입니다. 막힌 담을 허무시는 하느님의 사랑이 이들에게 깃듭니다. 고단한 삶에 치여 상대에게 생채기를 낼 때에도, 못난 모습에 자꾸만 작아질 때에도 서로를 가린 담장을 허물며 사랑으로 나아갈 것입니다. 몹시도 외로워질 때, 지금 곁에 서 있는 이 사람에게 기댈 수 있기를, 그리고 서로에게 그런 사람이 되어주기를 기도합니다. ○○님과 □□님이 이 자리에 오기까지 따뜻한 말

을 아끼지 않았던 사람들을 기억합니다. 그분들의 응원을 기억하
며 험난한 여정에도 길 잃지 않기를, 그리고 또 누군가에게 따뜻함
과 응원이 되는 ○○님과 □□님이길 소망합니다. 하느님의 사랑
으로 묶인 이들을 어느 누구도 떼어놓지 못합니다. 세상의 질서와
는 전혀 다른 하느님의 평화가 ○○님과 □□님에게 가득합니다.
예수님의 이름으로 기도합니다. 아멘.

〈기도 예시 2〉
매일을 함께 하는 일은 어쩌면 조금 지루하기도 하고 지겨울 수 있
습니다. 하지만 ○○님에게 □□님이, □□님에게 ○○님이 있어
이 지루하고 지겨운 매일이 여유롭고 따뜻한, 그래서 행복한 하루
가 되리라 생각합니다. 하느님, 이들의 지루하고 행복한 나날들에
축복을 부어주세요. 막막하고 두려운 순간, 순간마다 이들이 함께
꾸리는 즐거움을 느낄 수 있도록, 그 즐거움으로 막막함을 이겨낼
수 있도록, 하느님이 용기 더해 주세요. 이들의 내일이 오늘보다
다정할 수 있기를, 이들의 다정함이 다른 이들에게도 전해져 하느
님의 온기를 나누는 삶이 되기를 소망합니다. 예수님의 이름으로
기도합니다. 아멘.

11. 축복의 노래(축가)
▶ 혼인 당사자에게 의미있는 사람(혹은 모임이나 공동체)에 축하
노래를 부탁합니다.
▶ 반주자 혹은 반주 녹음(MR) 관련 사안을 미리 예식장 담당자와
상의합니다.
▶ 축가 대신 모두 함께 부를 곡을 선정해도 좋습니다.

12. 함께하는 기도(축도)

사회자 사랑하는 ○○님과 □□님에게 넘치는 축복을 전합니다.

회중 여기 모인 우리가 함께 축복을 전합니다.

사회자 ○○님과 □□님의 사랑을 힘껏 응원합니다.

회중 여기 모인 우리가 함께 이들의 사랑을 응원합니다.

사회자 ○○님과 □□님이 만들어 갈 아름다운 순간들을 기대합니다.

회중 여기 모인 우리가 함께 이들의 순간순간을 기대하며 바라보겠습니다.

다함께 하느님의 축복과 사랑 안에서 ○○님과 □□님이 자신의 삶을 멋지고 즐겁게 살아가게 하소서.

13. 부부의 나아감(행진)

▶ 사회자 안내에 따라 혼인 당사자들이 행진을 시작할 때, 하객들이 참여하는 퍼포먼스를 할 수 있습니다.

▶ (예) 무지개 꽃잎(다양한 '프라이드 색상'의 꽃잎) 뿌리기, 무지개 깃발 흔들기 등

2부

일상 예식과 기도

함께
살게 된
연인들을
위한
기도

; 동거를 시작하는 사람들을
  위한 약속 기도

♥ 표시는 연인1이, ♡ 표시는 연인2가 읽습니다.

▶ 이 기도문은 동거를 시작한 연인들이 함께 드리는 기도입니다.
▶ 한 목소리로 낭독해도 좋고, 한 문단씩 나누어 읽어도 좋습니다.

먼저, 하느님의 임재의 상징으로서 초를 켭니다.
이 촛불은, 이 자리에 함께 하시는 '하느님의 임재'를 상징합니다.
하느님은 어두움에 밝은 빛을 비추시며,
얼어붙은 마음에 온기를 주십니다.
하느님의 빛이 우리에게 비추어 짐으로
하느님의 아름다운 빛을 발합니다.

♥♡ 이 시간부터 우리는 설레임과 기쁨 가득한 마음으로 이 집에서 함께 살아갑니다. 서로에게 내어준 곁과 품어준 용기에 감사하며, 신의를 가득 담아 약속의 기도를 드립니다.

♥ 우리는 서로를 존귀하게 여기며 아끼고 사랑하겠습니다. 눈부신 아침 해를 맞으며 눈을 뜰 때부터 사랑의 말을 소곤거리다 상대의 낮은 숨소리를 들으며 잠드는 시간까지, 일상의 모든 순간을 깊은 애정으로 채워가게 하소서.

♡ 우리는 설령 이해되지 않는 부분도 존중하려 노력하는 것이 사랑임을 기억하겠습니다. 서로 다른 생활의 결이 주는 거북스러움에 눈 돌리지 않고, 비록 아득해 보일지라도 서로의 다름을 환영하며 품어 안을 수 있는 넉넉함을 허락하여 주소서.

♥ 우리는 힘겨운 날에 서로를 지탱하는 든든함이 되겠습니다. 문득 외로움이 드리울 때, 거센 바람이 불어올 때, 영혼이 가난하여 눈물 지을 때, 함께 울고, 비를 맞고, 어깨를 토닥이고 안아주며 때로는 침묵으로 옆을 지킬 수 있는 그런 존재가 되게 하소서.

♡ 우리는 독립적이고 평등한 관계를 이루겠습니다. 나의 바람을 표현하되 내 것만을 요구하지 않게 하시고, 공동체를 이루지만 나 자신으로서 존재하게 하시며, 서로를 가장 의지하되 의존하지 않게 하소서.

♥ 우리는 서로의 성장을 가장 가까이에서 응원하겠습니다. 스스로에게 불만이 많은 어느 날을 맞아도 그 삶이 깊고 알차게 영글어 갈 것을 믿음으로 바라봐주며, 상대 안에 있는 반짝임을 발견하여 끌어내고 화사하게 비출 수 있게 하소서.

♡ 우리가 함께 나누는 식탁과 보내는 계절들만큼, 더 깊고 넓은 사랑, 우정과 신뢰를 쌓아가게 하소서. 사랑하고 사랑을 받는 일에 어색함이 없게 하시고, 서운함을 곱씹기보다 감사함을 발견하게 하소서. 하느님께서 우리를 선하게 대하셨듯 우리도 서로를 자비로 대하게 하소서.

♥♡ 예수 그리스도의 이름으로 아멘.

새로운
가족을
환대하는
기도

▸ 이 기도문은 새로운 가족을 환대하는 기도문입니다.
▸ 자녀, 반려동물, 주거공동체의 일원 등 다양한 상황에서 가족 구성원이 늘어난 경우에 활용할 수 있습니다.

우리 각자는 자신의 힘으로
한 치 앞도 내다볼 수 없는 존재입니다.
그런 우리가 각자의 삶을 떠돌다 이곳에서 마주쳤습니다.
지금부터 우리는 서로의 시간과 공간을 포개어 갑니다.
교차하는 이 공간에서 우리가 함께 겪을 시간을 축복해 주세요.

해변의 모래알이 모두 다르듯 우리는 서로 다른 존재입니다.
서로의 다름이 부딪치는 날에는 우리의 마음을 돌보시어
서로를 품을 수 있는 넓은 마음을 허락해 주세요.
우리의 언어가 다를지라도 진심을 알게 하시고
우리의 속도가 다를지라도 연결되어 있음을 기억하게 해 주세요.

함께 하는 공간에서 추억을 쌓아갑니다.
우리의 추억이 깃들 이곳이 서로에게
가장 편안한 곳이 되게 해 주세요.
잠시 혼자가 되더라도 남아있는 서로의 흔적으로
따뜻한 안식처이길 바랍니다.
서로가 서로에게 가장 안전한 존재가 되게 해주세요.
당신의 사랑으로 서로를 기다리고 안아주겠습니다.

만일 우리가 서로를 떠나보내는 순간이 오더라도
안녕을 바라는 마음의 힘을 우리에게 주세요.
사랑으로 우리 안에 함께 하실 예수 그리스도 이름으로 아멘.

새로운
가족을
환대하는
기도

; 입양(반려동물 포함)하는
  이들을 위한 기도

◇ 하느님, 여기 사랑으로 하나 된 이들이 또 다른 가족을 맞이하고자 합니다.

◎ 우리 사랑이 더 큰 사랑으로 열매 맺도록 축복해 주소서

◇ 한 생명이 오는 것은 그 존재의 세계가 오는 것입니다.

◎ 우리들의 세계가 하나 되어 기쁨과 평화로 충만하게 하소서

◇ 새로운 구성원이 이 공동체 안에서 아름답게 성장하게 하소서

◎ 새로 맞이하는 가족을 통해 우리 또한 하느님 뜻을 발견하며 아름답게 성장하게 하소서

◇ 어떤 힘든 순간에도 서로 위로하며 함께 고난을 이겨나가게 하시고, 좋은 일이 있을 때마다 함께 나누며 서로에게 감사하는 공동체가 되게 하소서

◎ 우리의 공동체가 놀이터, 배움터, 쉼터가 되게 하소서. 감사와 찬양의 성전이 되게 하소서

◎ 길이요 진리요 생명 되시는 예수 그리스도 이름으로. 아멘.

새로운
가족을
환대하는
기도

; 반려식물을 맞이하는 기도

사랑과 생명의 하느님,

저희는 오늘 이 화분에 담겨 우리 곁으로 온 반려식물을
새로운 가족으로 맞이합니다.
먼 길을 오는 동안 흔들린 뿌리가 안심할 수 있게 다독이시고,
새로운 집, 낯선 환경에서도 잘 적응할 수 있도록 살펴주세요.

새로운 생명을 만날 때에 곧잘 그렇듯 처음은 많이 서툴겠지만,
반려식물이 좋아하는 온도와 좋아하는 날씨와
좋아하는 습도를 알게 하시고,
필요로 하는 적절한 보살핌과 충분한 애정을 줄 수 있기를 바랍니다.

물이 부족하여 목마를 때에
그 소리 없는 부름을 늦지 않게 듣도록 하시고,
본디 태어난 자연 속에서 살 듯
충분한 빛과 바람과 적절한 습도와 기온을 주세요.

때로 먼 길을 오가는 벌과 나비가
피곤한 날개를 쉬어갈 수 있는 쉼터가 되게 하시고,
다만 병충해가 들지 않도록 살피시며 아프기 전에 도울 수 있게
동거인에게 섬세한 관찰력을 허락하소서.

혹여 지나친 애정으로 과습을 부르거나
지나치게 무심하여 뿌리가 마르지 않게 하며,
적당한 거리에서 적절한 애정과 돌봄을 줄 줄 아는 사람이 되게
도와주세요.

가끔 무르거나 마르고 하엽 지는 잎에 무엇이 원인인지 몰라
조급해지더라도
한 걸음 물러서서 나를 돌아보고 잘못을 바로잡을 수 있는
지혜를 구합니다.

간혹 저희가 먼 길을 떠날 때,
너무 빨리 화분의 물이 마르지 않게 하시고,
신선한 바람이 부족하더라도
식물들이 씩씩하게 잘 지낼 수 있도록 살펴주세요.

비록 저희가 자연과 동떨어져 있을지라도
이 화분을 통해 하느님께서 태초에 지으신
푸른 자연을 만날 수 있음에 감사합니다.

각기 다른 모습, 다른 형태로 살아가는 비인간 생물들 속에도
하느님의 모습이 있음을 잊지 않고
지구라는 큰 집에서 함께 살아가는 다종다양한 생명을 기억하고
공존하는 삶을 살겠습니다.

저희 삶 속에 언제나 함께하시며 보살피시는
예수 그리스도 이름으로. 아멘.

폴리아모리
Polyamry
가족을 위한
기도

무수한 나뭇잎 사이를 통과한 햇살을 수로 헤아릴 수 없듯 우리는 수로 헤아릴 수 없는 사랑으로 주 안에 하나의 공동체를 이루었습니다. 주의 한없는 다정과 따뜻한 보살핌 속에 단단한 둥지를 튼 저희를 축복하소서.

함께 살아감에서 오는 기쁨과 어려움, 때로는 당혹스러울지도 모를 순간들마저 혼자가 아니기에 가질 수 있는 반짝이는 추억으로 삼고, 아프고 힘들 때에 서로가 서로를 돌보고 보듬는 공동체가 되겠습니다. 살아온 각기 다른 삶의 갈래 속에 간극이 드러날 때에 다름을 인정하고 포용하며 대화와 이해와 부단한 노력으로 다채로운 모습 그대로 한 가족이 되겠습니다.

때로 독점하고 싶거나 시기와 질투, 미움과 서운함에 못난 마음이 들 때에는 홀로 내면을 들여다볼 수 있는 고요한 시간과 나의 약함을 인정할 수 있는 용기를 주시고, 소유하는 대신 고유한 삶의 길을 나란히 걸어가는 동반자가 되게 하소서.

연인에게 새로운 사랑이 찾아올 때에 기꺼이 함께 사랑할 수 있는 용기와 강함을 주시고, 경계가 없는 온전한 사랑의 형태를 이루게 하소서.

서로 다른 삶의 결을 가진 각자가 우리의 삶을 그려갈 때에 내 세계를 허물고 다시 세우는 과정을 통해 확장되는 세계를 경험하게 하소서. 서로 나누어가진 삶의 조각을 소중히 여기는 저희가 되겠습니다.

경계 없는 완전한 사랑, 예수 그리스도 이름으로. 아멘.

오랜
연인들을
위한
기념일
기도

봄의 과수원으로 오세요.

꽃과 촛불과 술이 있어요.

당신이 안 오신다면,

이런 것들이 다 무슨 소용이겠어요.

당신이 오신다면,

또한 이런 것들이 다 무슨 소용이겠어요.

언 땅을 뚫고 여린 싹이 오르듯,

그대의 따스한 말과 눈빛에 사르르 녹던 그 시간을 기억합니다.

어느덧 시간이 흘러 다소 무뎌지기도 했지만

여전히 우리는 서로에게 소중한 존재임을 하느님 앞에

다시금 고백합니다.

서로의 지지로 힘든 시간을 지날 수 있었고

다툼이 있었기에 보다 나은 존재로 성장할 수 있었습니다.

당신을 보내주신 하느님께 감사를 드립니다.

하나가 아닌 둘이라서 행복했습니다.

함께 밥을 먹고, 함께 잠을 자고, 함께 기도할 수 있어 참 좋았습니다.

추운 겨울 맞잡을 수 있는 손이 있어서,

하나의 우산만으로도 충분하여서,

어느 때고 전화를 걸 수 있어서,

외롭지 않았습니다.

당신을 보내주신 하느님께 감사를 드립니다.

하느님의 사랑과 평화와 생명의 기운이

우리 사랑 속에 가득하기를 기도합니다.
비가 오고, 숲이 자라고, 꽃이 피어나는 동안
우리의 사랑도 함께 자라날 것입니다.
보다 부드럽게 걸어가겠습니다.
보다 따뜻하게 감싸겠습니다.
사랑으로 우리와 함께 계시는 예수님 이름으로. 아멘.

청소년
성소수자
연인들을
위한
기도

사랑이 많다 못해 사랑 그 자체이신 하느님,
여기 당신을 닮은 사람들이 있습니다.
그래서 그런지 ○○님과 □□님의 만남이 더욱 아름답습니다.
당신도 이들의 사랑을 기쁘게 지켜보고 계실줄 압니다.

서로를 만나 처음이 많은 이들입니다.
이들은 처음으로 나누는 핑퐁 같은 대화에 잠을 이루지 못했습니다. 다음날 연신 하품을 하면서도 밤이 깊도록 서로를 향한 속삭임이 끊이지 않는 이들입니다. 이 귀여운 반딧불이를 하느님 당신께서 잘 보살펴주세요.

이들은 처음으로 서로에게 질투를 느꼈습니다. "그래 그럴 수 있어" 하다가도 뒤돌아서 "아니 그래도 그렇지 어쩜 그래"라고 말하게 되는 이 못 말리는 좀생이들에게 하느님 당신께서 너그러운 마음과 여유를 전해주세요. 서로에게 찰싹 달라 붙어있는 것이 능사가 아니라는 만고의 진리를 하느님 당신이 저들의 귀에 밤새 속삭여주세요.

이들은 처음으로 마음이 담긴 긴 글을 서로에게 적었습니다. 썼다, 지웠다, 썼다, 지웠다를 반복하며, 공부를 이렇게 했으면 노벨상을 타지 싶은 대단한 천재들에게 하느님 당신께서 미처 적지 못한 말들 또한 행간에 담길 수 있도록, 또 그런 것을 찾아 읽어낼 수 있도록 해주세요.

언젠가 자신 앞에 쉽지 않은 길이 있다고 느끼는 순간이 올지도 모릅니다. "우리는 왜 남들처럼 뭐 하나 쉬운 게 없지" 한숨을 쉬는 순간들에 하느님 당신의 특별한 위로가 있기를 소망합니다. 이들이 그저 서로를 사랑하는 일에, 서로를 미워하는 일에, 서로를 용서하는 일에, 다시 서로를 사랑하는 일에 집중할 수 있기를 바랍니다. 이들의 앞날이 안간힘을 써야만 오를 수 있는 산비탈이 아니라 흥겨운 발걸음으로 쉬엄쉬엄 오를 만한 언덕이기를, 올라서 느끼는 하늘 바람이 기분 좋기를 마음 다해 기도합니다.

함께 있어 더 즐겁다 말했던 하나님의 이름으로 ○○님과 □□님을 축복합니다.
예수 그리스도의 이름으로 아멘.

이별을
앞둔
연인들을
위한
기도

▸ 이 기도는 이별을 앞둔 연인들을 위로하며 제3자가 드리는 기도문입니다.
▸ 헤어지는 당사자들이 각자의 공간에서 서로를 생각하며 기도드릴 수 있습니다.

사랑의 하느님, 사랑의 영이시여,
함께 걷던 걸음을 멈추고 각자 삶의 길을 가기로 한 이들이 여기 있습니다.

서로를 향한 이들의 사랑이 여기까지일지라도,
함께 걸어온 길에 고통이 있었을지라도,
그것이 혹여 미움이나 원망으로 남지 않게 하소서.

서로를 향한 모진 말과 서운한 행동들이 기억에 있었더라면
지금 이 순간 위에 모두 남겨 두고, 행복했던 기억, 따뜻했던 기억만 가지고 떠나게 하소서.

위로의 영이시여,
만약 서로의 영혼에 남아있는 상처가 있다면 위로의 손길로 어루만져 아물게 하시고,
단단하고 굳세게 새로운 걸음, 걸을 수 있게 하소서.
홀로 걸어가는 이들의 앞길이 많이 외롭지 않게 하소서.

먼 훗날 문득 그리움이 찾아오더라도 너무 가슴 시리지 않게 하소서.
그 때에도 서로를 위해 기도할 수 있는 마음 간직하게 하소서.

축복의 영이시여, 이들의 새로운 시작을 축복하소서.
이들의 앞 길이 기쁨과 평화로 가득하게 하소서.

사랑의 하느님, 사랑의 영이시여,
당신께서 이들의 곁에 항상 함께 하심을 소망하고 또 믿습니다.
예수 그리스도 이름으로. 아멘.

사별을
앞둔
연인들을
위한
기도

▸ 죽음을 준비하는 것은 참 어려운 일입니다. 헤어지기 전, 함께 시간을 보내는 일은 누군가에게는 주어지지 않을 일이 되기도 합니다. 이 시간을 소중하게 보내시기를 바랍니다.

▸ 사랑하는 이의 죽음, 사랑하는 이의 남겨짐은 상상만으로도 버겁습니다. 하지만 죽음은 모두에게 피할 길 없는 사실이기도 합니다. 누구나 죽음을 경험하고, 누구나 남겨짐을 경험합니다. 헤어짐을 준비할 수 있는 순간이 주어졌다면, 우리가 할 수 있는 일은 우리가 함께 보낸 시간들을 돌아보고, 서로에게 인사를 나누는 일입니다.

▸ 하느님을 원망하는 기도도 괜찮습니다. 이 헤어짐이 얼마나 아픈지, 얼마나 무섭고 두려운지를 고백하는 기도도 괜찮습니다. 헤어지기 싫은 마음을 충분히 나누고, 우리의 만남이 얼마나 소중했는지 이야기 해주세요. 여러분에게 하느님의 위로하심이 있기를 바랍니다.

✕ 함께 보냈던 순간들을 떠올리며 기도문을 작성(수정)하시길 바랍니다.

〈기도문 예시1〉

하느님, ○○은 내가 참 사랑하는 사람입니다. ○○과 이 땅에서 만든 추억들이 참으로 많습니다. 처음 해가 떠오르는 것을 보았을 때, 당신이 만든 이 땅에서 ○○과 함께 할 수 있음이 감사했습니다. 오늘도 힘내보자 토닥여 줄 ○○이 있어서 힘차게 하루를 시작할 수 있었습니다. 나를 괴롭히는 문제 앞에서 누가 뭐래도 든든한 내 편, ○○이 있어서 무서울 것이 없었습니다. 내가 한없이 작아지는 날, ○○이 나를 끌어당겨주어서 침대 밖으로 나올 수 있었습니다. ○○ 덕분에 오늘의 내가 있음을 당신께 고백합니다. 하느님, 당신은 참 고약합니다. ○○과 더 나누고픈 일들이 너무나 많습니다. 하느님, 내가 당신을 만날 날이 온다면, 가만두지 않을 겁니다. 당신에게는 눈도 두지 않고, ○○을 찾을 겁니다. 하느님 그때는 뒷짐 지고 계세요. 우리 둘이 부둥켜안고 있겠습니다.

〈기도문 예시2〉

하느님, 참 무섭습니다. 이제 우리에게 남은 시간이 얼마 없다는 것이 느껴집니다. 기뻤던 순간, 슬펐던 순간, 서로가 미웠던 순간, 별것 아닌 일로 사르르 녹았던 순간, 모든 순간들이 소중했음을 고백합니다. 지금 이 시간, 괴롭고 슬프지만 ○○과 제가 두 손 잡고 이 순간을 보내려하니 우리에게 용기를 더 해주세요. 우리가 우리의 헤어짐을 받아 들이고 준비할 수 있도록 도와주세요. 이 헤어짐이 '허무하다' 생각하지 않고, 우리의 만남이 '감사하다' 고백할 수 있도록, 하느님 당신의 도움이 필요합니다. 우리를 도와주세요.

하루를
마무리하는
예식

; 잠자리에 들기 전,
  연인과 함께
  하루를 마무리하는 예식

1. 하루나눔

▸ 취향에 따라, 준비해 놓은 따뜻한 차를 마시거나 향을 피워두고 은은한 조명 아래 하루 사이 각자에게 있었던 이야기를 나눕니다.

2. 침묵

▸ 마주보고 손을 맞잡은 채 잠시 침묵합니다.

▸ 침묵하는 동안 앞선 대화를 곱씹어보며, 나와 상대에게 필요한 기도에 대해 생각합니다.

3. 기도

♥ 표시는 연인1이, ♡ 표시는 연인2가 읽습니다.

♥ 하느님, 오늘도 무사히 긴 하루를 살아 냈습니다. 집으로 돌아와 사랑하는 이의 온기를 느끼며 잠자리에 들 수 있어 기쁩니다. 우리에게 잘했다고 칭찬해주세요.

♡ 하느님, 우리는 약하고 모자란 존재여서 때로 실수하고, 자주 실패합니다. 그런 우리에게 '네가 나의 힘이고 자랑이야'라고 말해주는 존재를 보내주셔서 감사합니다. 당신과 서로의 보살핌 속에 넘어질 때마다 일어날 수 있는 기운을 얻습니다.

♥ 하느님, 혹시 내가 누굴 미워하지는 않았는지, 나의 이기와 질투와 욕심에 누군가를 아프게 하지는 않았는지 돌아봅니다. 그리고 그 누군가가 내 앞에 있는 소중한 이는 아니었는지 돌아봅니다. 우리의 죄를 고백하오니 불쌍히 여기시고 용서해 주세요.

♡ 하느님, 이제 잠에 듭니다. 내일은 오늘보다 조금 더 행복한 날이 될 거라 믿습니다. 그러니 해가 뜰 때까지 우리의 밤을 지켜주세요. 불안에 뒤척일 때 이불 고이 덮으시고, 어렴풋 잠 깰 때 곁에서 곤히 잠든 이의 숨소리로 재워주세요.

♥♡ 이 모든 말씀, 낮의 해와 밤의 달로 우리 곁을 지키시는 영원한 사랑, 예수 그리스도 이름으로. 아멘.

✕ 기도를 마친 후에 서로에게 필요한, 혹은 해주고 싶은 기도가 있다면 이어서 하면 됩니다. 모든 순서를 마친 후에 가벼운 포옹이나 입맞춤으로 예식을 마무리 할 수 있습니다.

한 해를
마무리하는
예식

▸ 한 해를 마무리하는 자리, 모임에서 사용하는 기도예식입니다. 연인과 함께, 혹은 가까운 커플이나 지인들, 속해있는 신앙공동체 등 자유롭게 구성해 진행할 수 있습니다.

▸ 십자가 하나와 인원수대로 작은 종이와 펜을 준비합니다.

1. 시편낭송

▸ 아래 시편 중 하나를 선택하여 낭송합니다. 원하는 본문이 있을 시에 그 본문을 택하여 낭송합니다.

〈시편 32편〉
믿음이 깊은 사람이 고난을 받을 때에, 모두 주께 기도하게 해주십시오. 고난이 홍수처럼 밀어닥쳐도, 그에게는 미치지 못할 것입니다. 주님은 나의 피난처, 나를 재난에서 지켜 주실 분! 주께서 나를 보호하시니, 나는 소리 높여 주의 구원을 노래하렵니다. 주께서 말씀하신다. "네가 가야 할 길을 내가 너에게 지시하고 가르쳐 주마. 너를 눈여겨 보며 너의 조언자가 되어 주겠다." 악한 자에게는 고통이 많으나, 주님을 의지하는 사람에게는 한결같은 사랑이 넘친다. 의인들아, 너희는 주님을 생각하며, 즐거워하고 기뻐하여라. 정직한 사람들아, 너희는 다 함께 기뻐 환호하여라.

〈시편 138〉
주님, 온 마음을 기울여서 주님께 감사를 드립니다. 신들 앞에서, 내가 주님께 찬양을 드리렵니다. 내가 주님의 성전을 바라보면서 경배하고, 주님의 인자하심과 주님의 진실하심을 생각하면서 주님의 이름에 감사를 드립니다. 주님은 주님의 이름과 말씀을 온갖 것보다 더 높이셨습니다. 내가 부르짖었을 때에, 주님께서는 나에게

응답해 주셨고, 나에게 힘을 한껏 북돋우어 주셨습니다. 주님의 영광이 참으로 크시므로, 주님께서 하신 일을 그들이 노래합니다. 주님께서는 높은 분이시지만, 낮은 자를 굽어보시며, 멀리서도 오만한 자를 다 알아보십니다. 내가 고난의 길 한복판을 걷는다고 하여도, 주님께서 나에게 새 힘 주시고, 손을 내미셔서, 내 원수들의 분노를 가라앉혀 주시며, 주님의 오른손으로 나를 구원하여 주십니다. 주님께서 나를 위해 그들에게 갚아주시니, 주님, 주님의 인자하심은 영원합니다. 주님께서 손수 지으신 이 모든 것을 버리지 말아 주십시오.

2. 찬양
▶ 상황에 따라 생략 가능합니다. 음원을 준비해서 잔잔히 따라 불러도 좋습니다.

3. 십자가 기도
▶ 한 사람씩 지난 한 해를 떠나보내는 소감을 말합니다. 이 때 작은 십자가를 손에 쥐고 말합니다. 형식은 기도가 아닌 함께 모인 사람들과 하느님께 좋았던 일, 슬픈 일, 괴로운 일, 행복한 일들을 이야기한다 생각하고 말하면 됩니다. 모인 모든 사람이 십자가를 손에 쥐고 말하기를 마치면 아래 기도문을 함께 읽습니다.

〈기도문 1〉
영원한 나의 친구 하느님, 우리의 한 해는 참 짧았습니다. 사랑하는 사람과 함께 먹고 마시며, 좋아하는 것들을 보고 들으며, 밤낮으로 웃고 떠들며 붙잡고 싶은 행복한 시간들을 보냈습니다.

또 우리의 한 해는 참 길었습니다. 슬프고 괴로웠고, 싸우고 미워했으며, 떠나보내고 돌아서야 했습니다. 그 모든 놀랍고 신비한 시간들을 한 걸음씩 내딛어 오늘 여기까지 살아 내게 하시니 그저 감사합니다.

별로 대단할 것 없는 평범한 삶입니다. 지금까지 그래왔던 것처럼, 주어진 하루하루를 감사하며 살아가게 해주소서. 때론 걱정거리를 안은 채 잠에 들겠지만 또 언제 그랬냐는 듯 하루를 살아갈 지혜를 허락해주소서.

올 한해도 감사했습니다. 내년 한 해도 잘 부탁드립니다. 영원한 나의 사랑, 예수 그리스도 이름으로. 아멘.

〈기도문 2〉
흐르는 시간 속에 빛바래지 않는 영광의 하느님. 주의 따뜻한 보살핌 속에 또 한해를 살아내고 새로운 해를 맞이합니다. 발끝만 보고 바삐 가는 저희 삶을 한 걸음 앞서 예비하고 동행하심에 감사드립니다.

어제는 후회로 내일은 두려움으로, 지나간 시간을 아쉬워하고 오지 않은 시간을 걱정하느라 오늘에 충실하지 못했던 날들을 헤아려봅니다. 후회와 미련은 등 뒤에 두고, 알 수 없는 내일을 설렘으로 맞이하는 삶을 살게 하소서. 지금 내가 딛고 선 단단한 땅과 나를 둘러싼 공기와 바람과 햇살을 느끼며 평화와 사랑으로 가득한 새 날들을 살게 하소서.

내가 나를 사랑하지 못하는 아프고 서러운 순간조차 주께서 그보다 더 큰 사랑으로 보듬어주시니 눈물을 닦고 다시 일어날 수 있었습니다. 이따금 지나간 시간 속 못난 내가 밉고 원망스러울 때에 그 속에서 배우고 깨우친 것들을 떠올리게 하시고, 지난 시간의 부족에서 더 나은 내일을 만드는 저희가 되게 하소서. 바삐 자라고픈 욕심을 내려놓고 걸음 걸음 바른 길로 걸어가는 매일을 쌓아가게 하소서. 그 끝에 올해보다 조금 더 단단하게 성장한 우리를 기뻐하길 바랍니다.

다정한 동행자, 우리 주 그리스도의 이름으로 아멘.

4. 다짐의 기도

▸ 잔잔한 찬양, 음악을 틀어놓고 각자 종이와 펜을 나눠 갖습니다.
▸ 새로운 한 해를 맞이하는 다짐을 종이에 적습니다.
▸ 모두 다 적은 후에는 원하는 방식으로 보관합니다.

위로
예식

▸ 센터피스나 초를 가운데 두고 예식을 진행합니다.

▸ 필기구와 종이를 준비합니다.

1. 위로가 되는 찬양

2. 함께 드리는 기도

▸ 준비된 기도문을 교독합니다.

▸ 처한 상황에 맞게 기도문을 수정할 수 있습니다.

우리의 기도를 들으시는 하느님이 지금여기 우리 가운데 계십니다.
우리의 위로자 되시고 피난처가 되시는 하느님이 우리의 기도 가
운데 계십니다 .

상처받아 아무도 모르게 울었던 나의 사랑에게 회복이 있기를
작아진 존재감으로 불안했던 나의 사랑에게 용기가 있기를

분노와 수치심을 숨기느라 숨을 몰아쳤던 나의 사랑에게
평화가 있기를
차오르는 외로움에 지친 나의 사랑에게 소망이 있기를

우리의 일상을 공감하시고
아픈 자리에 함께하시는 예수님 이름으로. 아멘

3. 마리아 찬가 낭독과 묵상

▶ 두렵고 불안한 상황에서도 다시 소망을 가지고 하느님을 찬양하는 마리아의 노래를 함께 읽습니다.

그리하여 마리아가 말하였다 내 영혼이 주님을 찬양하며 내 마음이 내 구주 하느님을 좋아함은 그가 주님의 종의 비천함을 보살펴 주셨기 때문입니다. 이제부터는 모든 세대가 나를 행복하다 할 것입니다. 힘센 분이 나에게 큰 일을 하셨기 때문입니다. 그의 이름은 거룩하고 그의 자비하심은 그를 두려워하는 사람들에게 대대로 있을 것입니다. 그는 그 팔로 권능을 행하시고 마음이 교만한 사람들을 흩으셨으니 제왕들을 왕좌에서 끌어내리시고 비천한 사람을 높이셨습니다. 주린 사람들을 좋은 것으로 배부르게 하시고 부한 사람들을 빈손으로 떠나보내셨습니다. 그는 자비를 기억하셔서 자기의 종 이스라엘을 도우셨습니다. 우리 조상들에게 말씀하신 대로 그 자비는 아브라함과 그 자손에게 영원토록 있을 것입니다.

✕ 잠시 눈을 감고 위로가 되는 내용을 묵상합니다.
✕ 위로가 되었던 내용을 함께 나눕니다.

4. 위로 메시지 나눔

▶ 종이와 필기구를 준비합니다.
▶ 상대방에게 전달할 위로의 메시지를 적습니다.
▶ 위로 메시지를 서로에게 전달합니다.

5. 평안을 위한 기도

▶ 한 목소리로 기도문을 읽습니다.

"하느님 나를 샅샅이 살펴보시고 내 마음을 알아주십시오. 나를 철저히 시험해 보시고 내가 걱정하는 바를 알아주십시오. 내가 나쁜 길을 가지나 않는지 나를 살펴보시고, 영원한 길로 나를 인도하여 주십시오."(시편 139편 23절~24절)

〈기도문 1〉
이제 깨진 마음과 절망은 희망의 거름이 되고,
생채기 난 몸은 더욱 단단해져 우리는 보다 건강해질 것입니다.
평화의 하느님이 우리에게 보드라운 마음을 주십니다.
우리의 희망과 꿈은 계속해서 흐르고,
서로를 향한 사랑은 단단한 버팀목이 되기를 예수님 이름으로. 아멘.

〈기도문 2〉
위로의 하느님!
이 시간 주님께 우리의 지친 마음을 내려놓습니다.
불안과 고통, 절망과 좌절이 우리를 엄습해 옵니다.
죽음을 이기시고 다시 생명으로 나아오신 그리스도를 기억하며
희망의 끈을 단단히 붙잡습니다.
억눌린 우리에게 가슴 트이는 자유를,
어둠에 갇힌 우리에게 불현듯 지혜를,
불안하여 요동치는 우리에게 고요한 평화를 내려주십시오.
혼자 된 어린이와 머물 곳 없는 나그네들, 굶주린 약자들을

끝까지 돌보시는 하느님이 우리의 하느님입니다.

두 손을 모아 간절히 비오니,

지체하지 마시고 우리의 어려운 상황에 임하여 주소서.

예수님의 이름으로 아멘.

6. 침묵기도

▸ 서로의 손을 잡고 침묵한 후 예식을 마칩니다.

▸ 예식을 시작하며 초를 켠 경우, 촛불을 끄며 예식을 마치도록 합니다. 촛불은 끄는 행위는 위로가 필요했던 묵힌 감정을 흩어 보내는 의식이 될 수 있습니다.

3부

부록

사랑에는
두려움이
없습니다
기획팀
〈선영〉
인터뷰

안녕하세요! 저는 선영이라고 합니다. 비온뒤무지개재단에서 활동하고 있는 성소수자 인권 활동가이자 그리스도인입니다. 저는 중학생 때쯤 교회에 다니기 시작했는데요, 한창 삶이 혼란하고 힘들었던 시기였어요. 그때 성경의 첫 번째 가르침이 사랑이고, 모두가 하나님 안에서 평등하다는 가르침이 저한테 매력적으로 다가왔었어요. 지금은 냉담자로 교회도 퐁당퐁당 가는 반쪽짜리 크리스천으로 지내고 있습니다.

뭔가 일에만 매몰된 채로 살았다는 느낌이 들어서 뭔가 다른 일을 해볼까, 하던 차에 그 소식을 접한 유미님의 섭외 전화를 받게 되었어요(웃음). 성소수자 연인을 위한 예식서를 만든다고요.

작년에 큐앤에이에서 장례 예식서를 만들었잖아요. 사실 교회에서 펴낸 예식서들이 남녀 성별 이분법적이거나 가부장적이라 정말이지 '성소수자들은 자기 있는 모습 그대로 세상을 떠나는 것조차도 힘들구나'하는 생각이 들었었거든요. 그래서 성소수자를 위한 장례예식서가 나왔을 때 참 반가웠던 기억이 있어요. 그래서 이 작업을 함께 하자는 연락을 받고 '같이하면 재미있겠다.' 싶었어요.

물론 저는 비혼주의라 결혼에 관한 생각이나 관심이 없었고, 연애

안 한 지도 오래되어서 도움이 될 수 있을지 고민이 되긴 했지만, 옆에서 지켜보고 같이 하는 것만으로도 의미 있을 것 같아서 함께 하게 됐어요.

Q. 프로젝트에 참여하여 예식문을 만드시면서는 어떠셨어요?

종종 어디서 신을 찾아야 할지 모르겠다는 생각이 들어요. '정말 신이 있다면 이럴 수는 없지 않은가?' 하는 사건들이 너무 많기도 하고요. 그런 혼란스러운 시간을 보냈었기에 예식서 작업을 하면서 어떤 답을 찾을 수 있으려나, 약간은 그런 기대도 있었던 것 같아요. 그런데 회의를 두 번 정도 해보니 이건 종교 생활이 아니라 일이구나 싶더라구요.(웃음)

그래도 좋았던 건 저희가 논의하면서 담고 싶어 하는 가치들과 마음들이 공명할 때였던 것 같아요. 준비팀원들이 써오시는 기도문을 보면서 '그래 신은 이런 존재이지. 우리가 이런 언어로 기도할 수 있구나.' 이런 생각들을 했어요. 신과 종교에 대해 이만큼 있던 장벽이 아주 조금씩 누그러지는 경험도 할 수 있었습니다.

Q. 선영님께서는 폴리아모리 연인들을 위한 기도문을 작성하셨잖아요. 이 기도문이 저희 예식서에 들어가게 된 이유가 있을까요? 그리고 작성하면서 들었던 생각에 대해 나눠주세요.

사실 이 기도문의 담당자를 정할 때 제가 없었어요. 회의록을 보니 어느새 제가 담당자가 되었더라고요.(웃음)

이 주제의 기도가 들어가는 건 잘한 일이라고 생각했어요. 처음 혼인예식서를 기획할 때부터 내부에서도 고민했던 부분이 '퀴어함을 어디서 찾을 수 있는가?'였어요. 예를 들면 이런 것들이에요. 기존의 그리스도교 혼인예식에서 성별 이분법적인 것들, 가부장적인 것들, 차별적인 것들을 빼는 정도의 작업으로 성소수자를 위한 예식서라는 이름을 붙일 수 있을까? 근데 성소수자를 예식이라는 게 달리 특별해야 하나. 차별하고 배제하는 내용을 없애는 것만으로도 충분하지 않겠느냐 등등.

그러다가 폴리아모리를 비롯한 다양한 성소수자들의 정체성이나 삶의 모습들에 관한 이야기가 나오면서 이런 부분이 성소수자 예식서의 특징이 될 수 있겠다 싶었어요. 우리에게는 더 많은 삶의 모습들이 있고 다양한 결합에서 드러나는 특성들이 있을 수 있잖아요. 그런 부분을 잘 담아내면 좋겠다고 생각했어요. 근데 막상 기도문을 쓰면서는 실수할까 봐 조심스러워지더라고요. 어쨌든 저도 모노가미고, 성별 이분법적이고 일대일 관계가 기본 베이스인 사회에서 살고 있고, 주변에 폴리아모리 친구들이 그리 많은 것도 아니라 경험이 없거든요. 내가 미처 알지 못했던 차별적인 시선이나 너무 자연스럽게 쓰고 있던 배제적인 언어들을 사용할 수도 있을 테니까요. 기도문에는 수로 헤아릴 수 없는 햇살이나 물방울 같은 표현을 사용하려 노력했어요.

나름 공부하면서 배운 폴리아모리의 특성을 담고 싶다고 생각했는데 사실 쉽지 않았어요. 그래서 오히려 무난한 다인 가정을 위한 기도 같은 느낌으로 나오기는 한 부분이 아쉽기는 합니다. 그래도 주변에 폴리아모리 친구에게 보여주면서 조언을 구했는데 너무 좋다고 하더라고요. 그래서 한숨 놓기도 했습니다.(웃음)

Q. 폴리아모리 기도문을 선영님께 부탁드린 건 신의 한 수가 아닌가 싶네요. 물론 부담이 되셨겠지만 스스로 공부도 하시고 지인분들을 통해 배우시기도 했다고 들었어요. 혹시 인상적이었던 부분이 있을까요?

친구에게 들은 좋은 이야기 중에 컴퍼션(Compersion)이라는 표현이 있어요. 질투의 반대말인데 말하자면 '질투 대신 기쁨을 느끼는 감정'이라고 할 수 있어요. 보통 일대일 관계에서는 내 연인이 다른 사람을 만나거나 다른 사람을 좋아하거나 그러면 이미 관계의 파탄이잖아요. 그래서 질투하거나 어떤 소유욕 때문에 힘들어지는데, 이 말은 그 반대에 있어요. 내 파트너가 또 다른 상대를 만나서 행복할 때, 그 행복에서 나 역시 행복과 만족감을 느끼는 마음 혹은 감정이라고 하더라고요. 참 따뜻하지 않나요? 이런 이야기를 들으면서 제가 가지고 있던 좁은 시야가 좀 더 확장되는 깨달음이 있었어요.

Q. 컴퍼션(Compersion)이란 말이 참 좋네요. 더 포용적이고 성숙한 사랑의 느낌을 받게 되는 것 같습니다. 예식서를 준비하면서 고민을 많이 했지만 1대 1의 관계를 상정하고 작성한 내용이라던지, 이런 부분은 저희 예식서의 한계로서 남는 것 같습니다. 여기에 저희가 담지는 못했지만 앞으로 개정증보판이 나온다면 좋겠다

고 생각하시는 주제의 기도문들이 있을까요?

저희 기도문 중에 '청소년 퀴어'에 대한 기도문이 있어요. 이 부분에 대해서도 고민이 많았던 것이 어떻게 보면 청소년을 대상으로 한 아주 일반적인 축복 기도 같다는 부분이었어요. 그래서 퀴어로서 또 청소년으로서 마주하게 되는 어려움, 학교라는 작은 공동체 안에서 겪게 되는 그런 어려움들이 있을 텐데, 이런 부분을 좀 더위로하고 격려할 수 있는 내용을 쓰면 좋겠다고 생각했었거든요. 근데 이게 까딱 잘못하면 나이 먹은 꼰대가 청소년 10대들에게 훈계하는 그런 내용이 되겠더라고요. 이런 부분을 앞으로 어떻게 잘 담아낼 수 있을까 생각이 많이 들어요. 그리고 우리 예식서에서 다루지 못한 건데요, 학교 안에서 배제되고 원가족으로부터 가정에서 보호받지 못하고 길거리로 나오게 되는 청소년 퀴어들도 있어요. 그런 아픔들을 좀 더 포용하는 기도문이 들어가면 좋겠다 싶었는데 이번 예식서에는 그러지 못해서 그게 조금 아쉽기는 해요.

Q. 나중에라도 아쉬웠던 내용을 담아볼 기회가 있으면 좋겠습니다. 다른 단위에서 이 예식문을 이어 발전된 예식서를 내도 좋겠고요. 저희 예식서에서 독특한 주제의 기도가 있다면 바로 '반려 식물을 위한 기도'라고 생각합니다. 사실 예식서를 받아보실 분 중에는 '퀴어 커플 예식서인데 웬 반려 식물에 대한 기도?'라며 좀 생뚱맞게 생각하실 분들도 계실 것 같아요. 이 기도가 들어가게 된 이유가 있을까요?

저도 처음에는 조금 생뚱맞다고는 생각했었는데요. 어떻게 보면 반려동물은 물론이거니와 반려식물 역시도 큰 의미에서는 우리 가정을 이루는 구성원이라고 생각해요. '반려'라는 말을 붙일 정도이니까요. 그래서 이게 또 대단히 생뚱맞지는 않은 것 같다 싶기도 하고요. 어떻게 보면 결혼을 하지 않은(또는 결혼에 관심이 없는) 퀴어들에게는 이 기도가 제일 본인의 기도일 수도 있지 않을까요. 저도 이 예식서에서 제일 많이 쓸 것 같은 기도문은 이 기도문이에요.(웃음)

Q. 최근 들어 기도의 범주가 반려동물까지는 확대되고 있는데요. 반려식물은 '도대체 어떻게 기도할 수 있을까?' 싶었습니다. 그런데 이 기도문에 따뜻한 사랑이 흘러넘치는 따뜻한 그런 내용들을 보면서 '인간을 위해 기도하는 마음과 식물을 위해 기도하는 마음이 얼마나 다를까?' 생각이 들기도 하더군요.

저는 식집사라 집에 제가 애지중지 보살피는 화분이 스물 몇 개가 있어요. 결혼에 관심이 없기도 하고 그래서 연인들의 사랑에 대한 기도문을 쓰기가 어렵더라고요. 그래서 차라리 식물이라면 기도하고 싶은 게 많다고 농담으로 던졌는데 기획단분들이 덥석 받으셨어요.(웃음) 약간 얼떨결에 쓰게 됐는데 오히려 저한테는 좋은 기회가 되었었어요.

기도문을 작성하려고 식물을 가만히 보고 있으니까 내가 아끼고 사랑하는 식물들을 위해서 해주고 싶은 축복, 염려, 더 잘해주고 싶은 마음들, 뭔가 내 힘으로 어쩔 수 없는 부분들이 떠올랐어요. 쓰다가 문득 그런 생각이 들었어요. '그렇지, 기도의 기본은 사랑이었지'라는. 식물을 위한 기도를 쓰면서 기도하는 마음에 대해 생각할 수 있었던 것 같아요.

기도문의 마지막에 보면 이 식물을 통해서 주께서 만드신 자연에 대한 사랑을 함께 느낄 수 있게 해달라는 내용이 들어 있어요. 예전에 어떤 목사님에게 그런 이야기를 들은 적이 있어요. 그분은 식물학자였는데 식물을 연구하면 할수록 신을 믿을 수밖에 없었다는 거예요. 자연계 자체가 너무나 신비하게 구성이 되어 있다고요. 그때는 그 이야기가 확 실감이 나지 않았는데요, 실제로 식물을 키우고 케어를 하다 보니 그렇게 말씀하신 이유를 조금 알겠더라고요. 작은 식물 안에 이 안에 모든 주께서 만드신 진리가 들어있는 것 같고, 씨앗에서 커서 열매를 맺기까지의 과정이 너무 신비로운 거예요. 완전히 다 말라 죽은 줄 알았던 가지 밑동에서 갑자기 싹이 터올 때, 그 경이로운 생명력에 대해 감탄하게 되고요. 정말로 이 생명체가 잘 살아가기를 바라는 그 마음은 사람을 향해 기도할 때와 다르지 않다고 느껴졌어요.

Q. 저희 큐앤에이 사무실에 있는 몬짱(몬스테라)에게도 이 기도를 해주어야 겠어요.(웃음) 소개한 기도문들 외에도 예식문에 있는 내용 중 인상 깊은 것들이 있으신가요?

좋은 기도문들이 많아요. 재미있는 건 작성해 오신 기도문을 보면서 정말 사람마다 스타일과 결, 표현하는 방식들이 참 다양하다는 부분이었어요. 작성한 사람의 성정이 기도 안에 드러난달까요. 어떤 기도문은 시적이고, 어떤 기도문은 아주 세심하고, 또 어떤 기도문은 생활 밀착형이에요. 나와는 전혀 다른 기도문들을 보는 것 자체도 되게 즐겁고 좋았어요. 아마 보시는 독자분들도 그럴 것이라 생각합니다.

Q. 저희가 성소수자 혼인예식서를 제작하였습니다만 아직 한국에서는 이제 동성혼 법제화가 요원한 상황입니다. 그런 배경에는 안타깝게도 그리스도교의 반대가 큰 영향을 미치고 있다고 보이기도 하고요. 이 책의 발간으로 기대하시는 바가 있으실까요.

화분에 물을 줄 때 갑자기 세게 부어버리면 화분 안에 물길이 생겨요. 물을 줬을 때 흙이 전체적으로 촉촉해져야 물을 골고루 다 흡수할 수 있게 되어 마르거나 병들지 않거든요. 그런데 화분 안에 길이 생겨버리면은 물길을 따라서만 물이 흘러요. 그러다 보면 화분 아래로 물이 흐르니 충분히 물을 준 것 같지만, 사실 모든 곳에 물이 충분히 전달되지 않고 식물이 병들어요. 이걸 해결하려면 분갈이를 하거나 흙을 다 털어서 새로 심는 수밖에 없거든요. 지금 한국 교회는 성소수자에 대한 혐오와 차별로 인해 나쁜 물길이 나고 있다는 생각이 듭니다. 화분 아래로 흘러넘친 물처럼 교회가 혐오와 차별을 쏟아내는 것처럼 보이지만, 사실 다수의 마른 흙은 젖어있지 않고 특정 물길을 통해서만 혐오라는 물이 흐르고 있거든요.

말씀하신 대로 동성혼 법제화의 경우도 반대의 큰 부분을 보수 그리스도교가 차지하고 있는 것 같기는 해요. 근데 이게 기독교 전체의 일치된 의견이냐고 하면 그렇지 않거든요. 몇몇 권력을 가진 이들이 가진 큰 스피커를 통해 반퀴어 집단의 주장이 과대표되어 있고, 확대되어서 가시화되어 있는 상황입니다. 이 사안에 대해 별

관심이 없거나 중도적인 입장에 있는 분들도 군중심리에 휩쓸려버리는 경우가 많습니다. 우리 교회 목사님이 그렇게 이야기하니 혼란스러워하는 사람들도 있고요.

이 예식서가 그런 분들에게 좀 더 넓은 세상을 보여줄 수 있고, 기존의 틀을 벗어나는 상상을 해볼 수 있는 계기가 되었으면 합니다. 작은 물길이 개울을, 나아가 강을 만드는 것처럼 새로운 길을 열고, 새로운 방향으로 가는 물길이 되어주면 좋겠어요.

저는 이 예식서 작업을 하면서 따뜻하다는 느낌을 많이 받았는데요, 이 기도문들을 보시는 분들이 따뜻함과 응원의 마음을 전달받으셨으면 해요. 교회 내 성소수자와 앨라이들에게 위안이 되는 예식서가 되기를 바랍니다.

Q. 저희가 예식서를 정성스럽게 만들긴 했지만 한계와 아쉬움 또한 분명히 있는 것 같습니다. 변명하려고 하는 이야기 같기는 한데요(웃음) 그래도 어떤 작업물의 한계를 분명히 짚어야 앞으로 더 나아갈 수 있겠지요.

저는 결혼이라는 제도 자체에 회의감을 가지고 있기도 해요. 동성혼 법제화의 경우도 기존 제도 안으로 편입되는 것에 대한 다른 의견들이 존재합니다. 오히려 이 결혼이라는 제도 자체를 깨는 것이 더 급진적인 운동이 아닌가 하는 부분이지요. 아마 이 예식서도 비슷한 한계를 가질 수 있을 것 같아요.

하지만 당장 오늘을 살아가는 누군가에게는 결혼제도가 필요합니다. 주변에 있는 퀴어 커플들을 보면 이성애자 부부가 받는 혜택을 못 받을 때가 있어요. 세금이나 보험같이 동거인이 되면 받을 수 있는 지원들로부터 배제되어 있고요. 또 결혼이라는 의식을 통해 주어지는 공식적인 인정이 있잖아요. 근데 성소자들은 애초에 거기에서 아예 지워져 있어요. 그런 면에서 동성혼 법제화 같은 운동은 제도 안에서 성소수자를 가시화하는 맥락이 있다고 생각합니다. 언젠가 결혼이 아예 없어질 수도 있지만 그 흐름 가운데 이 제도 안에서 완전히 배제되었던 성소수자들을 드러내고 성소수자를 위한 예식서를 만들었다는 것도 역사의 한 흐름 속에서는 중요한 이정표이자 성과일 수 있겠다는 생각이 들어요.

Q. 맞습니다. 마지막 질문입니다. 이 책을 이제 텀블벅을 마치고 곧 받아보실 독자분들에게 하시고 싶은 이야기가 있으시다면 전해 주십시오.

저희 예식서 내부 시연회 때 제가 초대했던 퀴어 커플이 그동안 이성애자들은 이렇게 많은 축복과 예쁜 말들을 들으면서 결혼을 해 왔다는 게 부럽다는 이야기를 했었어요. 그 말 안에 들어있는 서운함과 서러움들이 느껴져서 마음에 아프게 다가오더라고요.

우리 예식서는 환대와 축복에서 배제되어 있던 사람들을 그 축복 안으로 초대하는 책이라고 생각해요. 저 역시 그런 마음으로 이 책을 같이 작업했고요. 혹여 제 친구처럼 이런 아픔이나 아쉬움을 가지고 있던 분들에게는 이제 배제하고 아픈 말을 했던 사람들이 점점 소수가 되고, 축복을 해주는 사람들이 더 많은 이웃이 되는 사회와 교회가 오고 있다는 이야기를 드리고 싶어요. 저희가 기도문에 꾹꾹 눌러 담은 따뜻한 애정 어린 마음들을 전달받고 조금이라도 더 행복하셨으면 좋겠다는 바람이 있습니다.

퀴어크리스천들의
연애와
결혼에 관한
수다회

; 사랑,
  굳이 왜 하느냐고
  묻는다면

▶ 수다 참여자

오스(진행) 20대. 연애 기간 2년. 레즈비언 바이섹슈얼 커플.

다은 큐앤에이 간사. 연애 기간 1년. 레즈비언 바이섹슈얼 커플.

동혁 고양이 세 마리 있음. 40대. 연애 14년 차. 12년째 동거 중. 게이 커플.

연수 트랜스젠더 여성. 연애 경험 다양. 현재는 연애 안 하고 있음. 지향 고민 중.

크리스 가톨릭 신자. 결혼 11년 차 여성 부부. 미국 LA 거주 중.

오스   다들 현재의 짝궁을 어떻게 만나게 됐는지 궁금해요. 저는 동종업계 종사자를 만났는데, 일하다가 알게 된 사이에요. 저도 그렇고, 상대방도 연극을 좋아해서 같은 연극을 보고 이야기를 나누면서 친해지게 되었어요.

동혁   저는 성소수자 교회인 '로템나무그늘교회'에서 만났어요. 파트너가 먼저 교회를 다니고 있었고, 제가 나중에 다니게 되었는데, 새신자일 때부터 저를 마음에 두고 있었나 봐요. 여러 자리에서 만나면서 어느 날 고백을 받았고, 만남을 갖게 됐습니다. 저는 첫 연애였어요. 파트너는 연애 경험이 있었고요. (소곤소곤)

크리스   저희는 천주교 신자인데요, 가톨릭 여성퀴어공동체 〈알파오메가〉를 통해 만났어요. 가톨릭에서 세례받은 자매들과 함께 미사 드리고 다양한 활동을 함께하면서 자주 만날 기회가 생겼었지요.

다은   저는 개신교인인데, 파트너는 종교가 없어요. 저희는 학교에서 만났고요. 지금 대학원을 다니고 있는데 거기서 만난 선배입니다. 저는 제가 고백했어요. (웃음)

일동   우와~ 멋지다.

오스   연수 님은 현재 연애를 하고 계시지 않다고 말씀해 주셨는데요. 그 이전 경험을 돌아본다면, 어떻게 연애 상대를 찾으셨는지 궁금해요. 사람을 만나는 방식이 퀴어들의 고민거리이기도 하잖아요. '나는 연애를 어디서 할 수 있느냐'는 것이 어느 시절의 저에게도 큰 고민이었던 것 같아요.

연수　맞아요. 자만추를 하고 싶어도 쉽지 않으니까 어플이나 SNS를 통해서 만나게 돼요. 기본적으로 안전이 보장된 커뮤니티 안에서 만났던 것 같습니다.

오스　어플을 할 때 현타가 오기도 하잖아요. '정말 내가 시장에 내던져졌구나' 느끼게 된달까요. 연수님도 그런 경험이 있으신가요? 그럴 때면 어떻게 극복하셨어요?

연수　저는 극복을 안 해요. 받아들여요. 그냥. 그러다 현타오면 안 했다가 다시 괜찮아지면 했다가 그래요.

우리의 연애는 일반들의 연애와 다를까?

오스   얼마 전에 제가 교회에 결혼 소식을 알렸어요. 그러니까
집사님 한 분이 교회에서 토크쇼처럼 두 사람의 결혼 이야기를 들
려주는 시간이 있었으면 좋겠다고 제안하시더라고요. 근데 저는
그게 너무 웃긴 거예요. 왜냐면 그분은 결혼한 지 한 30년이 되는
분인데 '저희에게 무엇이 궁금하신 걸까, 집사님이 이미 다 거쳐오
신 부분이 아닐까. 사는 게 다 비슷할 텐데 우리가 할 수 있는 이야
기가 뭘까' 생각해 봤어요. 그럼에도 불구하고 다른 점을 찾아본다
면, 어쨌든 여여 커플인 부부 관계에서 고정된 성 역할이라는 게
굉장히 흐릿할 테니 그런 점이 독특한 지점일 수 있겠다 싶기도 하
더라고요.

혹시 여러분들 중에서 우리 커플은 이런 점이 다른 것 같

다 하는 것들이 있으신가요?

동혁   토크쇼를 상상하니 재미있네요. 우리나라에서는 동성 커플의 결혼하는 모습을 보기 어려우니 신기하게 생각할 수 있겠지만 저희 입장에서는 그냥 똑같거든요. 그냥 살고, 지지고 볶고 싸우기도 하고, 물론 사랑하고 품어주기도 하고요. 저는 비퀴어와 다를 게 없다고 생각해요. 다른 건 사람들의 시선인 거죠.

오스   뭔가 같이 목욕 바구니 하나만 들고 공중목욕탕에 들어가는 일 같은 걸 말씀드려야 하나(웃음)?

연수   저는 이성애도 해봤고 동성애도 해봤고, 남자로서 여자도 만나보고 여자로서 남자를 만나보기도 하고, 여자로서 여자를 만나도 보고 다 해봤거든요. (아, 남자로서 남자는 안 만나 봤네요) 근데 이성애랑 동성애랑 달라요. 이성 관계로서 만날 때는 암묵적으로 성 역할이 나눠지는 게 있어요. 성별에 따른 역할에 대해 기대하는 게 있는 거죠. 예를 들면, 남자가 리드를 하고 여자는 따른다든지, 남자가 돈을 내고 여자는 꾸밈 노동을 한다든지.. 이런 것들이요. '네가 예뻐서 좋다'라는 말을 들으면 기분이 좋으면서도 '예뻐 보여야 한다'라는 기대를 충족시키기 위한 역할 수행에 대한 압박감이 있었어요. 본인이 저한테 기대하는 만큼 본인도 남성으로서의 역할을 수행하는 것도 있고요.
　　　　근데 동성 커플일 때는 그런 역할이 성별로 규정되지 않는 부분이 있는 것이 있더라고요. 사회적으로 드러낼 수 있는 부분에 있어서도 아무래도 차이가 좀 느껴졌어요. 그 이성 관계로 패싱

되는 경우라면 아무 거리낌이 없는데 말이죠. '동성 커플들은 이런 고충이 있구나' 생각했던 것 같아요. 어쨌든 관계 안에서는 동성의 경우가 좀 더 편했던 것 같아요.

크리스   저희는 미국 캘리포니아에서 살고 있는데 동성 부부라고 해서 다르게 본다거나 그런 건 없는 것 같아요. 오히려 PC(political correctness)주의라고 해서 더 잘해주려고 노력한다는 느낌을 받을 때도 있어요. 이런 것이 오히려 불편할 때도 있긴 한데 대체로 이런 분위기에서는 비퀴어 부부들과 정말 더 다를 바 없다고 생각하게 되는 것 같아요.

다은   가장 큰 건 연애를 얼마큼 드러낼 수 있는가의 차이인 것 같아요. 이전 연애를 할 때 상대방이 교회를 다녔었는데요. 아웃팅에 대한 두려움이 컸어요. 그래서 저희는 사람들이 없는 산에서 데이트했었거든요(웃음). 비퀴어 친구들 1일만 돼도 카톡이나 SNS로 티를 내잖아요. 근데 한 번도 그런 걸 해보지 않았다는 거. 그리고 또 하나는 레즈비언 커플 같은 경우 동거가 진짜 쉬운 것 같아요. 다른 비퀴어 커플보다 부모님께 허락받기가 너무 쉬워요. 학교 선배랑 같이 자취할 거야 이렇게 하면 되거든요. 이건 저희의 이점이라고 할 수 있겠네요.

연애와 결혼 큰 차이가 있을까?

오스   저는 아직 결혼식을 하지 않았지만, 파트너랑 맺고 있는 관계가 이미 혼인이라고 생각하거든요. 우리 두 사람의 관계가 '동거하는' 혹은 '연애하는' 이런 수식어로는 부족하다는 생각을 해요. 제가 느끼기에 결혼은 경제적인 혹은 정신적인 결합의 의미인 것 같기도 하고, 상대와 나의 노후를 함께 상상하는 일인 것 같기도 합니다. 그래서 각자가 생각하는 결혼의 의미가 궁금해지더라고요. 크리스 님은 어떠세요. 연애할 때와 결혼을 한 지금. 관계 면에서 어떤 차이가 있으신가요?

크리스   저의 경우 결혼하기 전에는 서로 관계가 좋은 것과는 별개로 '이 사람이랑 얼마나 오래 갈까?', '우리는 언젠가 헤어질 수 있겠구나'라는 생각이 문득문득 들었다면, 결혼하고 나서는 '웬만하면 오래 가겠지' 이런 생각이 조금 더 강해지는 것 같아요. 물론 결혼하고도 얼마든지 헤어질 수 있지만 사람들 앞에서 또 제도의 공인을 받고 결속 과정을 거치는데서 오는 책임감도 있고, 결혼이 관계의 밀도를 높인달까요. 결혼했기에 제가 제 가정이라고 생각을 하고, 제 가정을 지키기 위해서 커밍아웃하게 되고, 이민을 생각하게 되었거든요. 높아진 관계에 밀도만큼 더 지켜야 할 것들이 생겼기에 용기를 낼 수 있었던 것 같아요.

오스   공감이 많이 갑니다. 결혼식은 공동체적인 행사고 어떤 선언의 의미를 갖는다는 생각이 들어요. 제가 우리 두 사람의 관계를 어떻게 설정하는지 제가 만나는 모든 사람이 알기란 어려운 일이니까요. 결혼식이 우리 두 사람의 관계를 공공연하게 하는 면이 있는 것 같아요.

동혁   저의 경우는 장기커플인데, 함께 살고 있다보니 관계 면에서 연애와 결혼이 뭐가 그리 다른가 싶긴 해요. 그래도 사회가 정해놓은 제도로 묶일 때 달라지는 부분은 분명히 있겠지요. 결혼으로 인해 나라에서 주는 혜택을 누릴 수도 있고, 여러모로 헤어지기도 번거로워지고요. 제도적으로 좀 더 긴밀해진달까요.

사실 저는 퀴어의 결혼이 한국 사회에서는 어렵기도 하고 전혀 생각하지 않았었는데, 사람들의 인식도 많이 바뀌는 걸 느껴요. 저희가 오래 사귀고 있으니까 너희들 결혼 안 하냐 이런 이야기도 듣고요. 우리나라는 동성혼 법제화가 안 되어 있는 상황이다 보니 결혼의 의미에 대해 많이 고민하게 되더라고요. 다들 누리는 것을 우리는 누리지 못하는 부분도 그렇고, 법적 관계로 인정되지 않을 때 겪게 되는 불이익들도 있고요. 사회적인 인정과 제도적 인정이 필요하기에 법제화하려고 싸우게 되는 것 같아요.

연수   법적으로 이성 관계는 가능한데 동성 관계가 가능하지 않다는 건 트랜스 이슈랑도 연관이 될 수밖에 없어요. 하리수 씨의 경우에도 결혼과 이혼 같은 뉴스가 나올 때 상대 남성에 대해서 게이라는 식으로 혐오하거든요. 결국에는 이성애 중심주의가 깨지지 않기 때문에 트랜스젠더는 성별 정정을 하고 결혼하더라도 혐오에 시달릴 수밖에 없는 것 같아요.
동성혼 법제화에 대해서도 앞서 말씀하셨지만, 성별 정정을 할 때도 비슷한 논지로 이야기해요. '그냥 그렇게 살면 되지, 왜 굳이 법적으로 인정받으려고 하냐'고 하거든요.

오스   '굳이'라니. 정말 웃겨요. 결혼 소식을 알리면 어떤 분들은 한국에서 법적인 인정도 안 되는 결혼을 '굳이' 하려는 이유가 뭐냐고 왕왕 이야기해요. 그래서 생각해 봤는데, 한편으로는 모든 일이 다 굳이 하는 거잖아요.

동혁   그 사람들은 '굳이' 왜 그런 말을 하는 걸까요. (웃음) 우리는 사실 그걸 하고 싶으니까 하는 건데, 자기 불편함을 우리한테 떠넘기는 것 같기도 해요. 그런 사람들이 없으면 말 그대로 굳이 안 해도 되죠.

크리스   저희 동네에 60대 후반 레즈비언 언니가 있어요. 20대 후반에 동성 파트너가 결혼을 하자고 했대요. 근데 이분이 난 페미니스트인데 무슨 결혼이냐 하면서 거절했대요. 이제는 후회하시더라고요. 지금은 싱글이시거든요. 아직도 젊게 사시고 아직도 누군가를 만나고 싶어 하세요. 그런 걸 보면 그래도 하고 후회하는 게

낮지 않나 싶기도 하고요.

다은   저는 오랫동안 비혼주의자였고, 제도 결혼에 대한 기본적으로 부정적이에요. (물론 혼인 평등 운동은 중요하고, 누구나 결혼을 원한다면 할 수 있어야 한다고 생각해요) 그래서 누구를 만날 때 이 사람은 결혼하고 싶은 사람이라는 생각을 해본 적은 없어요. 결혼이 사랑의 척도가 아닌 거죠. 그럼에도 결혼이 갖는 공인의 의미는 크다고 생각해요. 만약에 제가 당장에 쓰러진다고 했을 때, 저에 대한 결정권이 다 원가족에게 갈 텐데 그 안에서 제 파트너는 소외되잖아요. 그게 너무 싫은 거죠. 그래서 저는 비혼주의자임에도 오히려 예식은 꼭 할 것 같다고 생각하곤 해요. 사람들한테 '이 사람은 나에 대한 것들을 가장 먼저 결정할 수 있는 중요한 사람이야.' 이런 메시지를 주는 것이 너무 중요한 것 같아서요. 제도적으로 보장되기보다는 저랑 같이 살아가고 있는 사람들이 아는 거, 그게 더 중요한 것 같아요. 저한테 결혼은 그런 의미인 것 같아요.

오스   다들 결혼이 각자에게 어떤 의미인지를 이야기해 주셨는데요. 저 개인적으로, 결혼을 준비하며 결혼이 어떤 의미로 아주 가족행사처럼 느껴지는 순간들도 있었어요. 소위 결혼을 가족과 가족 간의 만남이라고도 하잖아요. 결혼식을 준비하기 전까지는 이 말에 그렇게까지 공감하지 않았는데 이제는 왜 그런 말들을 하는지 조금 이해하게 됐어요. "결혼식 이후로 우리는 명절을 어떻게 보내게 될까?" 이런 대화를 짝꿍과 나누기도 했고요. 그래서 결혼하신 크리스 님이 지금 원가족과 맺고 있는 관계가 궁금해요. 크리스님은 어떠신가요?

크리스   결혼 초기에는 알릴 생각이 없었어요. 가족들은 친구인 줄로만 알고 있었죠. 근데 저희 어머니랑 저희 와이프가 거의 동시에 입원해야 하는 상황이 생겼어요. 당연히 저희 가족 입장에서는 1차 가족인 어머니를 보살피기를 원했겠죠. 근데 저로서는 난감한 거죠. 그래도 저희 식구들은 자식이 셋이고, 저희 와이프는 외동딸이거든요. 저는 당연히 와이프 간병을 했고 가족들은 섭섭해하더라고요. 그런 게 싫었어요. 그래서 커밍아웃을 했어요. 편찮으시기도 하고 그래서 부모님한테는 못할 거라고 생각했는데 홧김에 해버렸지요. 세월이 좀 흘러 저희 가족은 이제 어느 정도 품어주는 분위기가 됐어요. 비밀(?)을 공유해서인지 서로에게 끈끈함도 생기고요. 최근에는 친척들에게도 저희 결혼 소식을 전했어요. 사촌 오빠는 늦어서 미안하다며 축의금도 줬어요. 공동체가 확장된 느낌도 받습니다.

결혼식에 대한 로망이 있어?

오스   결혼 예식을 준비하는 과정 중에 있었던 재미있는 에피소드를 나눠봐도 좋을 것 같습니다.

결혼식에 파트너가 입을 드레스를 피팅하러 가는데 약간 긴장이 되더라고요. 이 관계에 대해서 어떤 질문을 듣게 될까 혹은 눈치 보이는 상황이 생길까 싶어서요. 그런데 웬걸 자본 앞의 평등이 있었습니다. (웃음) 웨딩 산업이 가장 퀴어 프렌들리하다더니 거기에 계시는 스태프분들에게 저는 그냥 한 3시 예약자 그 이상 그 이하도 아닌 거예요. 한국의 서비스직 종사자들이 얼마나 감정

노동을 합니까. 너무 친절하고 저희 요구를 다 들어주는 거죠. 참 재미있는 경험이었어요.

크리스 님은 결혼 과정에서 정보들을 어디에서 얻으셨어요? 그때는 지금보다 좀 더 정보들이 적었을 것 같은데요.

크리스 맞아요. 저희 결혼할 때만 해도 동성 커플이 예식을 했다는 건 들어본 적이 없었기에 해외에서 결혼할 준비를 하고 셀프 웨딩으로 준비했어요. 옷부터 꽃장식까지 전부요. 커밍아웃을 안 한 상태였어서 결혼식 증인도 머물던 민박집 게이 부부 집주인이 해주었어요. 전직 가톨릭 사제였던 분 주례로 작은 경당에서 이루어진 아주 조촐한 결혼식이었죠. 요즘 친구들 보면 부러워요. 웨딩 촬영도 하고, 부모님 모셔놓고 여러 단체에서 와서 축가 불러주고 이러잖아요. 저희도 10주년에 뭔가 하자 했는데 벌써 10주년이 지나가 버렸네요.

오스 저도 준비하면서 알게 됐는데 프라이드 웨딩이라고 퀴어 예식 플래너를 전문적으로 하시는 분들도 있고, 스드메를 전문적으로 하는 업체들도 이제 하나둘씩 생기는 것 같고요.

동혁 저희는 결혼식에 대해 구체적인 이야기를 나누지는 못했어요. 사실 그것보다는 이사하는 게 더 큰 삶의 이슈이기 때문에.(웃음) 그래도 한다면 교회에서 하면 좋겠다고 생각해요. 저희는 교회에서 만났고 또 퀴어 크리스천으로서 교회에서 결혼하는 게 로망이에요. 그런데 우리 결혼식을 받아줄 수 있는 교회가 있을까 싶네요.

오스   다은 님은 결혼에 관한 생각이 없다고 하셨지요.

다은   근데 결혼 예식은 하고 싶어요. 제도로서의 편입, 그게 싫은 거고요. 저도 결혼 예식을 한다면 교회에서 하고 싶어요. 교회에서 하는 결혼 예식을 가면 늘 지루하고 음식도 맛없고 그랬지만 그게 공동체의 행사이고, 공동체로부터 받는 인정이라고 느껴졌어요. 그걸 받고 싶었던 것 같아요. 요즘에는 전례적인 예식이었으면 좋겠다 싶어요.

연수   저는 결혼에 대한 로망 같은 건 딱히 없고, 식도 별로 원하지 않아요. 하지만 혼인 관계로 맺어지지 않더라도 어떤 끈끈한 관계에 대한 바람이 있긴 하죠. 저는 로맨틱한 관계를 원하는 편은 아니지만 친구보다는 조금 더 연인과 더 친밀한 관계를 맺게 되잖아요. 지인이나 친구가 넘을 수 없는, 연인관계의 내밀함 같은 게 있으니, 저도 가끔 그런 게 있으면 좋겠다는 생각을 해요. 너무 삶이 불확실하고 보편적인 생애주기에서 많이 벗어나 있기 때문에 안정적이지 못하다는 느낌을 받을 때가 많거든요. 그래서 꼭 결혼이 아니더라도 의지할 수 있고 함께 미래를 그릴 수 있는 관계가 있으면 좋겠다고 생각해요.

우리들의 교회 생활은?

오스   교회가 굉장히 가족 중심적이잖아요. 이런 교회에서 어떻게 생존하고 계신지부터 이야기를 해보면 어떨까 하는데요. 크리스 님은 지금 주일에 교회를 다니고 계신가요?

크리스   한국에 있을 때는 거의 알파오메가에서만 종교 활동을 하고 있고요, 미국에서는 저희가 LA에서 사는데 거기 한인이 많잖아요. 그래서 게이들이 많이 사는 웨스트할리우드라는 동네에 있는 성소수자 친화적인 성당에 가거나 혹은 그냥 온라인으로 유튜브로 미사를 드리거나 그러고 있어요.

동혁   저희는 성소수자 교회여서 커플로 신앙생활하는데 방해는 없어요. 그런데 교회에서 제일 오래된 커플이 저희여서 사실은 부담이 좀 돼요. 뭔가 본이 되어야 한다는 생각도 있고요. 저희가 또 교회 내 커플이고, 임원도 했고 그러다보니 더 눈에 띄는 것도 있는 것 같아요. 또 장기커플이라는 게 짧은 만남을 가지는 어떤 퀴어들에게는 부러움이 되기도 하고요.
       교회 내에서 신앙생활을 같이 하고 싶은 사람을 만나고, 손잡고 함께 예배드리러 가고 요런 로망이 퀴어 크리스천에 있거든요. 근데 보통의 교회를 가면 가족을 우대해요. 특별 프로그램도 많고요. 그런 걸 보면서 상대적으로 어떤 결핍과 한편의 동경이 있는 것 같아요. 나도 가정을 이뤄서 교회에서 신앙생활을 하고 싶다는 마음들이 있기도 하더라고요. 가족 중심적이라고 할 수 있겠지만 또 이해되는 지점이 있기도 해요.

연수   지금은 교회를 잘 다니고 있지는 않아요. 예전 연애 상대가 기독교인이었는데 상처를 받은 적이 있어요. 아주 보수적이지는 않지만, 신앙적으로 독실한 사람이었는데 저의 신앙적 가치관에 대해 잘 공감하지 못하더라고요. 전에 평범한 교회를 잠깐 다녔었는데 그 교회 목사가 설교 시간에 결혼은 남녀 간에 성스러운 결합이라는 그런 전형적이고 이성애 중심적인 이야기를 하더라고요. 더 못 다니겠다 싶었죠. 그런데도 주일 성수를 해야 한다고 하더라고요. 좀 정신적으로 힘들어서 우울증이 심할 때도 왜 자신을 사랑하지 못하느냐는 식으로 타박한다든지요. 그래서 오히려 연인이든 친구든 좀 가까이 지내는 사람들은 오히려 교회 다니는 사람이 거의 없고 원하지도 않게 되는 것 같아요. 예전에는 '나도 크리스천이니까 같은 크리스천 쪽이 좀 더 맞겠지'라는 게 있었는데 이런저런 안 좋은 관계적 경험을 하다 보니 오히려 그냥 비종교인이 낫겠다 싶었던 거죠.

다은   저는 크리스천만 만났었고 신앙이라는 게 세계관이라고 생각하기에 신앙인과 비신앙인은 큰 차이가 있다고 생각했어요. 비기독교인들도 기독교인들을 연애 대상으로 많이들 기피하잖아요. 그런데 지금 만나는 파트너는 정말 아무 종교 경험이 없어요. 종교 경험이 없어서 편견도 많지 않기도 한데, 저를 따라서 아이다호 예배나 육우당 추모 예배를 갔었는데 좋아하더라고요. 파트너 표현으로는 예배 관광이라고(웃음) 그걸 보면서 저는 어떤 가치에 동의하고, 존중한다면 같이 교회를 다니지 않더라도 이해할 수 있는 지점들이 생긴다는 걸 요즘 느끼는 것 같아요.

가족 구성에 대해 어떻게 생각해?

오스   이번에는 가족 구성에 관해 이야기해 볼까요?
        저는 일단 출산, 입양, 양육에 대한 계획이 없는데, 이런 결정에는 법 제도가 없고 이런 걸 다 떠나서 저에게는 자본의 문제인 것 같아요. 이런 이야기를 짝꿍에게 했더니 '그럼 얼마를 벌면 할 수 있겠어' 묻더라고요. 생각해 보니 자본의 문제가 아니었나 이런 생각이 들고 다시 '얼마 벌어도 못하겠다'로 정정한 기억이 있네요. (웃음)

크리스　　저희는 나이가 너무 많아 출산을 어렵겠고(웃음) 주위 사람들은 입양이라도 하지 그러냐, 제안하기도 하는데, 오스님 말씀하신 것처럼 돈이 제일 문제이기도 하고요. 그리고 미국에서도 아이들이 과연 얼마나 행복할까, 생각이 들기는 해요. 여러 가지 중첩된 차별이 있잖아요. 와이프는 부모도 차별받고 있는데 이 차별을 대물림을 하고 싶지 않다 이런 얘기를 하더라고요. 평등해지고 차별이 없는 세상이라면 모르겠지만 아직은 자신이 없어요. 그래도 나이가 들면 후회는 할 것 같아요. 있으면 좋겠다는 생각은 듭니다.

동혁   여건이 되면 좋겠다는 상상은 해요. 잘 키울 것 같거든요. 그런데 확실히 양육에 대한 부담감은 어마어마할 것 같아요. 주변에 아이 키우는 사람들을 보거나 양육 프로그램 등을 보면서 보통 일이 아니구나 싶을 때가 한두 번이 아니에요. 한 아이를 키우기 위해서 온 마을이 필요하다는 말이 있잖아요. 양육이라는 게 그 정도로 중요하고 어려운 일인데, 책임과 의무를 개개인한테 떠맡기다 보니 좋은 양육이 되겠는가에 대한 문제의식도 있지요. 가끔 저항의 의미로는 입양해서 키워볼까, 생각도 살짝 들지만, 현실적으로 아이에게서 얻는 기쁨보다 양육의 에너지가 정말 힘들겠다는 현실적인 판단이 들어서 고민이 많이 됩니다. 제 짝꿍은 사실 엄청 애를 좋아해요. 근데 지금은 아예 이제 입 밖으로도 안 꺼내더라고요. (웃음)

연수   저는 일단은 저희 생식기능도 없어졌기 때문에 직접 낳는 것은 불가능하고, 입양이라…. 글쎄요. 그런 생각은 해본 적 있어요. '어쩌면 나도 돌봄의 산물인데 어떤 빚진 마음으로 나도 무언가를 돌보아야 하지 않을까'라는 의무감이랄까요. 그렇지만 사실 현실적으로 나 돌보는 것도 힘들기 때문에 어렵겠지요. (웃음)

오스   연수님이 말씀하신 '돌봄의 산물'이라는 말에 공감이 돼요. 성소수자를 돌봄이나 양육과 무관한 존재로 이야기하는 사람들도 많은데요, 그걸 또 혐오의 구실로 삼기도 하고요. 사실 저는 제가 돌봄의 역할과 무관하지 않다고 생각해요. 교회는 다양한 연령대의 사람들이 모이는 공동체이고 저는 그 속에서 어린이를 돌보는 역할을 맡고 있기도 하고요. 교회에 한정되지 않더라도 어린이의 동료 시민으로서 다양한 공간에서 어린이를 만나면 그 공간에서 그가 배제되지 않도록 노력하기도 하고요. 우스갯소리처럼 자녀계획이 있는 헤테로 친구들에게 '나는 굉장히 좋은 레즈비언 이모가 될 것 같아'라고 이야기하기도 하고요. 사실 저는 이 역할을 잘 해내기 위해 노력하는 것 같아요. 그러면 한 인간으로서 내 몫을 다 하고 있는 것 아닌가 하는 생각을 하기도 하고요. 가족 구성 이야기를 하다가 이야기가 너무 커진 느낌이네요. 다시 돌아가서 다은님은 가족구성권에 대해 어떻게 생각하세요?

다은   저는 가능성에 대해 닫아놓으려고 하지는 않아요. 그렇지만 지금은 둘 다 하고 싶은 게 너무 많은 사람이라 집에 있는 시간이 정말 적거든요. 그래서 다른 가족 구성, 그게 가능하지 않다고 생각해요. 늘 저희는 '우린 둘 다 페미니스트니까 당연히 애 안 낳지'라고 하면서도 아이 얘기를 정말 많이 해요.

오스   그게 뭐죠(웃음)

다은   상대방은 겁이 많은 사람이기 때문에 자기는 너무 무서워서 할 수가 없겠다고 하고 저는 그 정도는 할 수 있다. 그러니 내가 낳겠다. 하지만 너와의 연대감과 유대감도 중요하니 너의 난자를 사용하겠다 이런 식으로 그런 얘기를 엄청 많이 하는 거죠. 근데 저희는 정말 안 낳을 거거든요.(웃음) 그런데 왜 이렇게 둘 다 아이 이야기를 할까요. 돌이켜보면 말씀하신 대로 양육 책임에 관한 이야기였나보다 싶기도 해요. 둘 다 그거를 어떻게 해결해 나가야 할지 몰라서 계속 허상의 아기를 만들고 그 아기를 돌볼 생각을 하는 것 같다는 생각이 들었네요. 가서 좀 얘기 좀 해봐야겠어요. (웃음)

동성 커플이라서 받는 차별에 관해 이야기해 보자

오스   한국에는 동성혼이나 동성 관계의 권리에 관한 법들이 없
잖아요. 각자가 경험한 이 권리 부재랄까, 나를 돌보는 시스템이
없다는 걸 느꼈던 순간들이 있을 것 같아요. 저 같은 경우는 결혼
을 준비하고 있으니까 신혼부부들에게 가는 혜택을 누리지 못하는
것들에 대해서 더 화가 나더라고요. 어떤 면에서는 동성 커플이(특
히 여성) 가난해질 수밖에 없는 구조라는 생각도 들고요. 크리스님
은 어떻게 느끼시나요?

크리스   저희는 한국에 왔다 갔다 할 일이 있는데요. 한국에 오면 법적인 부부로 인정되지 않는 점에서 불안감을 느끼게 되는 것 같아요. 몇 년 전 코로나 때 와이프가 큰 수술을 해야 해서 병원에 입원해야 하는 상황이었어요. 다행히 수술 동의서는 본인이 썼는데 간병을 제가 해야 하잖아요. 보호자 정보를 적으라길래 저는 너무 자연스럽게 제 이름과 연락처를 쓰고, 환자와의 관계에 배우자라고 썼어요. 그런데 간호사가 자꾸 남편이 어디 있냐고 묻는 거예요. 배우자라고 써있으니까 당연히 남편이라고 생각했던 거죠. 그때 코로나라서 가족 이외에는 병동에 들어올 수 없다는 지침이 있었거든요. 저희가 어떻게 했을까요? 그냥 남편 미국에 있다고 했어요. 당당하게 내가 배우자라고 말하지 못하겠더라고요. 간호사가 저보고 "그럼 누구세요?"라고 하는 거예요. 그래서 "저요? 언닌데요" 그랬어요. 근데 저랑 와이프랑 성이 다르거든요. 몇 초 침묵이 흐르더니 간호사가 "아~! 그럴 수도 있죠." 하고는 나가시더라고요. 이런 상황이 참 불편하더라고요. 당당하게 '제가 배우자입니다' 할 수 있는데도, 괜한 편견의 시선을 받기 싫어서 눈앞에 멀쩡하게 있는 배우자를 미국으로 보냈네요.

오스   별일이 없을 때는 사실 뭔가 체감하지 못하다가 무슨 일이 있을 때, 특히 법적인 관계를 증명해야 할 때 차별받는다는 느낌을 받게 되는 것 같아요. 동성혼 법제화가 되어 있는 미국에서는 어떠신가요?

크리스   제가 상대적으로 자유로운 캘리포니아주에 살아서 제도적 차별을 심하게 느낀 적은 없어요. 저희는 집, 차 등 재산을 다

부부 공동명의로 했어요. 세금 신고도 그렇고요. 미국에서 그렇게 살다가 한국에 오면 '아직 멀었구나' 싶은 거죠. 그렇지만 미국 캘리포니아 안에서도 한인 교회 다니시는 분들은 그렇게 또 힘들다고 해요. 보수적인 한인 교회 다니는 가정에서 태어난 아이들은 어떤 면에서 한국보다 더 힘든 삶을 살아간다고 하더라고요.

동혁   저희에게는 주거가 가장 큰 이슈인 것 같아요. 나이 많은 남자 둘이 사는 것에 대한 이미지가 썩 좋지 않더라고요. 그리고 부동산에 가면 이것저것 물어봐요. 언젠가는 '방은 각각 쓰시는 거죠?' 물어보는 거에요. 거실이 조그맣게 있고 큰 방이 있고 작은 방이 있으니까 어떻게 나눠 쓸지에 대해 질문하시는 건데, 왜 물어보는지도 모르겠지만 여튼 그런 질문을 받으면 좀 난감한 거죠. '저희 뭐 같이 자고, 이렇게 뭐 합니다.' 이렇게 대답하기도 애매하고요. (웃음) 주택 청약 같은 것도 그래요. 1인으로 하게 되니까 선택할 수 있는 집 크기도 작고, 주거의 안정성을 추구하는데 신혼부부 혜택을 받을 수 없으니 속상할 때가 있지요.

　　　　그런 일도 있었어요. 제 주소지가 원래 본가에 있는데 지금 집에 이사 와서 같이 사는 걸로 주소지 이전을 했어요. 그랬더니 바로 은행에서 연락이 와서 이러면 대출이 안 된다고 하더라고요. 대출받은 처음 조건이랑 부합하지 않는다고요. 그래서 주소지를 바로 다시 뺐어요. 대단한 걸 바라는 게 아닌데, 그냥 같이 뭔가 하려고 하다 보면 생기는 어떤 일들을 마주하며 '이거 나만 그래?' 억울함이 들지요.

오스   대출, 세금 신고 같은 것도 그렇고요. 사소하지만 차별적이라구.

동혁　맞아요. 자동차 보험 같은 경우에도 부부랑 달라요. 짝궁이 면허를 따서 보험을 들려고 보니까 금액 차이가 확 나버리더라고요. 가족이나 배우자가 아닌 제삼자로 등록하면 금액이 다르더라고요.

오스　'동성 커플을 위한 살용법률 가이드북'에 보면 절세하거나 아낄 수 있는 팁들이 많아요. 나중에 한번 보세요. (웃음) 아니 이런 거를 일일이 알아봐서 뭘 해야 한다는 것 자체가 피곤한 일인 거죠. 이런 제도들이 조금 더 개선된다면 우리의 삶이 조금 달라질까요?

다은　어느 정도 달라질 것 같아요. 다른 사람들이 안 써도 되는 에너지를 계속 써야 하는 거잖아요? 제도적인 부분을 차치하고라도 동성 커플들이 작은 것들에서 에너지를 많이 뺏기고 있다고 생각하거든요. 기본적으로 언어들에서도 그런 걸 많이 느끼고, 경조사비 같은 것도 그렇고…. 그런 에너지를 좀 덜 쓰고 행복한 일을 하는 데 사용하면 훨씬 삶이 윤택해질 것 같아요.

연수　퀴어 커플이 제도권 안에 들어오면 커플뿐 아니라 전반적인 인권 증진이 있을 거라고 생각해요. 우리가 결혼제도에 대해서 비판적으로 봐야 할 지점도 있지만 그건 차후의 문제고, 동성혼 법제화나 가족구성권에 관한 법들이 제정되면 우리 사회의 가부장적 이데올로기에 균열이 나리라 생각해요.

동혁　조금 멀게 느껴지는 이야기이기도 해요. 그냥 없는 셈 치고 살 때는 그냥 불편하면 불편한 대로 살았거든요. 그런데 연애를 오래 하고, 나이를 먹고 그러면서 부모님의 그늘에서 벗어나게 되잖아요. 나와 파트너가 같이 꾸려가는 삶으로 전환되는 건데, 법적인 보호자가 필요한 상황이 되었을 때 제가 무언가를 할 수 없는 상황이면 너무 깜깜할 것 같더라고요. 얼른 동성혼 법제화던 시민결합법이던 제도화를 해서 최소한의 것들을 보장받을 수 있으면 정말 좋겠습니다.

오스 　저는 법제화에 대해서 깊이 생각해 본 적은 없는데, 법이라는 게 가장 보수적인 약속인 거잖아요. 우리 사회에 근데 그게 만약에 이루어질 수 있다고 하면 우리는 그 너머의 것들을 좀 더 상상하고 그 너머의 것들을 향해 갈 테니까 내 삶의 질이 좀 달라질 수 있겠다는 생각이 드네요.

크리스 　일단 나라에서 인정을 해주지 않으면 가족들도 걱정하게 돼요. 신앙적인 부분, 정서적인 부분도 있지만 권리를 보장받지 못하니까 더 염려하게 되는 것 같아요. 제도의 마련이 시급하죠. 저는 종교계에서 하는 퀴어-앨라이 활동들이 매우 의미 있다고 생각해요. 교회가 이런 제도를 만드는 일에 큰 걸림돌이 되고 있잖아요. 종교가 말하는 건 결국은 사랑이잖아요. 불교, 천주교, 개신교, 원불교 등 다양한 종교들의 연대가 잘 이루어지면 그래도 국회를 좀 더 빨리 움직일 수 있지 않을까 생각이 들어요.

오스 　오늘 시간 내주시고, 좋은 이야기 나누어 주셔서 감사합니다.

+ 설교, 기도와 축사를 위한 지침 +

▶ 혼인 당사자들과 사전 만남을 가져 그들의 환경과 상황, 혼인 예식에 담고자 하는 의미와 방향, 혼인을 통해 바라는 소망과 비전 등을 충분한 대화를 통해 사려 깊게 이해 바랍니다.

▶ 설교 내용에 있어 특별히 주의해야 할 점(성적지향과 성별 정체성, 개인사, 가족관계, 가족계획 등)에 대해서도 충분히 확인하고 인지한 후에 준비 바랍니다.

▶ 차별적 단어나 내용이 들어간 성서본문의 선택은 지양하도록 합니다. 설교 중에 해석한다 하더라도 이미 마음이 상할 수 있습니다. 그럼에도 필요한 본문이라면 본문 안에 차별적인 언어를 평등한 언어로 바꾸어 사용하기 바랍니다.

▶ 설교에는 혼인 당사자들의 상황과 혼인 예식에 맞지 않는 예화 사용을 자제하고, 실례가 될 만한 농담도 지양합니다.

▶ 혼인 당사자들뿐만 아니라 예식에 참여한 하객들의 다양성을 인지하고 누구도 상처받지 않을 수 있도록 주의해서 준비 바랍니다.

▶ 당사자들의 요청이나 식의 방향에 따라 다를 수 있겠지만 퀴어 커플의 혼인예식이라고 해서 너무 운동적이거나 비장할 필요는 없습니다. 진심어린 축복의 내용을 담기 바랍니다.

▶ 아무리 좋은 말이라도 너무 길면 혼인 당사자들이 힘듭니다. 사전에 정한 시간을 잘 지켜서 준비 바랍니다.

+ 예식을 준비할 때 활용하면 좋을 노래 +

후원
감사합니다!

텀블벅 후원자 목록입니다.
독자님들이 있었기에, 책을 만들 수 있었습니다. 감사합니다.

Taylor Kang 캔디 최형순 옥합교회 다윤 야호 지민
우섭 샐리 냥냥펀치 eyek**** fromgoo 이우연 박희규
이혜영 김완형 황용연 윤지수 Eddie Ryu 이은혜 ㄴㅅㅂ
이승아 전의진 미몽 수웁 바람소리 레인 박소영
Soohyun Choi 송기훈 엉클 MM Noelcosmos jf****
이지용 이성철 평화 이풍관 빵굽는동키호테황효덕 jihyeahn
홍다은 최은영 박현철 서형석 정다빈 독- 장한나강케빈
작약 재희 박찬서 김새연 화승총 성령 함영원 박수인
유기욱 용고기 조종 류순권 smansman**** 이명훈
조소영 권명보/메이 애니 김예준 이정규 옥승헌 폴짝 scent
페미씨어터 김동민 IMJU 퀴어락 김헵시바 ge**** 배지은
유인식 ami**** 현듀 샬롬백 pearl**** 큼큼 최진 양털

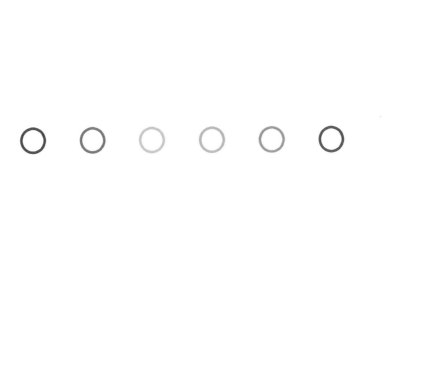

큐앤에이 성소수자 생애주기 예식서 제작 프로젝트 Ⅱ

성소수자 연인 축복 예식서
:사랑에는 두려움이 없습니다

초판 1쇄 발행 | 2024년 6월 7일

지 은 이 | 사랑에는 두려움이 없습니다 기획팀

발 행 인 | 이동환

디 자 인 | 서다은

펴 낸 곳 | 도서출판 QNA

주 소 | 서울 종로구 대학로 19 508호

전 화 | 010-8078-2490

E-Mail | qnaoffice2021@gmail.com

SNS | @qnaforchurch (페이스북/인스타그램/트위터)

ISBN 979-11-988023-1-6 03230